Jo Guldi, David Armitage

The History Manifesto

陈恒·主编

格·致·人·文·读·本

历史学宣言

[美]乔·古尔迪

[英]大卫·阿米蒂奇　著

孙岳　译

格致出版社　上海人民出版社

图书在版编目(CIP)数据

历史学宣言/(美)乔·古尔迪,(英)大卫·阿米
蒂奇著;孙岳译.—上海:格致出版社:上海人民出
版社,2017.1(2018.3重印)
(格致人文读本)
ISBN 978 - 7 - 5432 - 2691 - 3

Ⅰ.①历… Ⅱ.①乔… ②大… ③孙… Ⅲ.①史学
Ⅳ.①K0

中国版本图书馆 CIP 数据核字(2016)第 313498 号

责任编辑 张苗凤

装帧设计 路　静

格致人文读本

历史学宣言

〔美〕乔·古尔迪　〔英〕大卫·阿米蒂奇 著
孙　岳 译

出　　版　格致出版社
　　　　　上海人氏出版社
　　　　　(200001　上海福建中路 193 号)
发　　行　上海人民出版社发行中心
印　　刷　苏州望电印刷有限公司
开　　本　787×1092　1/16
印　　张　12
插　　页　2
字　　数　157,000
版　　次　2017 年 3 月第 1 版
印　　次　2018 年 3 月第 2 次印刷
ISBN 978 - 7 - 5432 - 2691 - 3/K · 198
定　　价　42.00 元

编辑的话

《易》曰:"观乎天文,以察时变;观乎人文,以化成天下。解天之文,则时变可知也;解人之文,则化成可为也。"对"人文"的关注和反思,无论中外和古今,是人类文明史上"永恒"的话题。然而20世纪以来,人类往往因掌握了引领时代发展的科学技术而沾沾自喜,物质生活日趋丰富的同时,精神活动空间却日趋褊狭。反映在学科教育上,即教育趋向职业化、工具化,无法传递人义关怀、人性之美。耶鲁大学教授安东尼·科隆曼(Anthony T. Kronman)认为,人文教育的本质就是通过阅读伟大的文学和哲学作品而去"探究生命的意义"。今天,我们重提人文学科,再次发掘人文学科的魅力和价值,目的也就在于为久浸于科技文明喧嚣的读者,营造一方"解人文,思自我,通古今,知天下"的精神家园。

当今的人文学科,超出了传统意义上文史哲的范畴,涵盖了艺术学、教育学、语言学、社会学、考古学等各个专业。学者对人文学科旨趣、致思方向和思维方式的探讨,使得人文科学的知识体系更加宏大,研究对象愈发复杂,研究方法日趋多样。近年来人文科学的发展,更是取得了举世瞩目的成就。为方便读者便捷、有效地了解古今中外杰出的研究成果,我们遴选了20世纪以来人文研究领域中兼具学术性和普及性的经典著作,汇集为"格致人文读本",其内容涵盖了人文及社会科学理论的探讨和各领域的具体研究,且每一种都有相对独立的研究范围和专业性,但又不同于普通的专业教科书,兼具可读性和学术性。

"心理东西本自同,文明新旧总相宜。"我们希望以这套丛书的出版为契机,为广大高等院校师生和爱好中西文化的社会大众,提供开拓视野的路径、思考与批判的平台、点染启迪心灵的气韵,进而在整个社会,尤其在高校中培育深厚的人文精神滋养。

这是一本非常重要、令人耳目一新的书。很久以来,历史研究呈现愈来愈专业化的趋势,与社会科学的其他学科不相往来。阿米蒂奇和古尔迪呼吁回归长时段,这是非常正确的思路。在书中,他们呼吁以更全球化的、长时段的和跨学科的方法探索包括气候变迁、不平等根源和资本主义的未来等大问题,堪称史学发展中的一个里程碑。非常值得一读。

——巴黎经济学院托马斯·皮凯蒂(Thomas Piketty)

这本精心撰写、思想深刻、研究深入的书,是对当代历史编纂学令人振奋的挑战。自 20 世纪 70 年代以来,史学逐渐丧失了长时段和序列意识,而代之以"短期主义"的微观史研究。作者对此进行了深入的批判,并提出:这样只能让历史失去其对公众的价值和有用性。大卫·阿米蒂奇和乔·古尔迪深入挖掘了历史作为一门学科的历史,并以此为基,呼吁史学加大对公民生活的介入,要敢于触碰大问题,以书写出更多更好的历史。

——纽约大学托马斯·本德(Thomas Bender)

古尔迪和阿米蒂奇强烈主张历史当与时代挂钩,并将此视为克服短期思维和缺少或缺失证据的未来预测的一剂良药。在简短清晰的篇幅中,作者呼吁史学家提高处理多种文献数据的能力,巧妙设计、精心构思,争取为从经济失灵到气候变迁的一系列重大问题的公共决策和民主辩论提供必备的知识证据和思维框架。作者还对学术史家提出了挑战,鼓励他们摆脱甚至打碎近一个世纪以来束缚史学发展的种种心灵枷锁。

——女王大学丹尼尔·沃尔夫(Daniel Woolf)

如果所有人的思维框架都不超过几年的规模,那么还有谁会严肃认真地思考孙辈子女的未来呢?乔·古尔迪和大卫·阿米蒂奇的贡献在于,他们在书中讲述了一个史学如何回归大图景思维的颇有力度的故事,他们要求史学家结合微观史的洞见和大数据的兼容优势。作者提出,在人类世时代,我们非常有必要了解历史,而且是多层次的大历史。

——麦考瑞大学大卫·克里斯蒂安(David Christian)

历史这行当总有多家作坊在完善其不同的传统,因此历史这门技艺会一直延续下去。但这本节奏明快的小书宣布:历史仍需关注长时段的大问题,仍肩负着道德责任,尤其是为当今时代人类面临的困境提供亟需的洞察视野。作者认为近年来的英美史学是"短期主义"的,同时强烈呼吁历史可以为建设美好社会描绘多种可能的路径。作者的这些论辩将会引起多方争论和课堂辩论。

——剑桥大学、《简明历史指南》主编乌林卡·鲁布莱克(Ulinka Rublack)

该书力图让历史与广大公众密切相关,摆脱长久统治专业史学的狭隘的专业化取向,转而以长时段的视角把历史、当前与未来连成一个密不可分的整体。作者特别凸显了对全球生态危机和社会不平等现象的史学关注,并同时考虑到数字化对史学研究可能造成的影响。

——纽约州立大学布法罗分校格奥尔格·G.伊格尔斯(Georg G. Iggers)

该书预见到人类数字化和全球化的未来,主张史学在此间应扮演富于批判性的问题解决者角色,令人振奋。为此,古尔迪和阿米蒂奇提出,史学家应当恢复自身的长时段视野和能力,大胆地将历史的多元因果理论注入到当今统治性的实践规训之中。

——罗汉普顿大学约翰·托什(John Tosh)

这本书来得非常及时、非常有用。阿米蒂奇和古尔迪呼吁史学家行动起来,用自己的知识和技能去思考大问题、拥抱长时段思维、挖掘数字技术的多种可能性。最重要的是,他们希望目前呈碎片化的史学及时转向,积极承担自身的公共责任,甚至以某种富有道德的乌托邦境界去应对困扰当今时代的重大问题,如社会不平等和气候变化问题。作者真诚地呼吁那些潜心过去的史学家抬起头来,为人类思考、建设未来做出应有的重要贡献。这部历史学宣言对整个社会科学给予了批判,颇发人深省,对那些已经接受史学当具公共关怀和尚待拥抱这一宽广视野的学者均有裨益。

——杜伦大学卢德米拉·乔丹诺娃(Ludmilla Jordanova)

当今时代的公共政策和公众辩论有很多缺失,但其中最重要的要算是缺少必要的历史维度。阿米蒂奇和古尔迪通过《历史学宣言》发出了响亮的呼声,不仅要求对过去有更多的认识,而且集中于对公共知识自身历史的深刻而广泛的理解。

——伦敦政治经济学院克雷格·卡尔霍恩(Craig Calhoun)

大问题遇到大数据,这是一个在公共领域作长时段思考的令人叹服的案例。古尔迪和阿米蒂奇不仅为历史学科的未来发展开辟了一条新航路,而且向公共说明了跨学科历史的用途。我深信,大历史的回归在理论上是充分的,在技术上是可行的,在政治上更是势在必行。

——弗吉尼亚大学贝塔尼·诺维斯基(Bethany Nowviskie)

近年来,大历史和深度史被认为是史学家回应大众对未来关切的方法和理路。在这部涉猎广泛、神采飞扬的著作中,作者对相关问题给予了迄今最为全面的探讨。古尔迪和阿米蒂奇主张,史学的未来在于史学家是否有能力塑造和引导公众话语,这无异于对同行史学家发出一声令人振奋的出征号令。言尽其宜、恰逢其时。

——芝加哥大学迪佩什·查卡拉巴提(Dipesh Chakrabarty)

中文版序

　　"一个幽灵,短期主义的幽灵,正因扰着我们这个时代。"《历史学宣言》的开篇好像是模仿168年前的《共产党宣言》,但是古尔迪和阿米蒂奇的目的不是政治宣传与革命鼓动,他们的作品也不是通常意义上的学术诉求之表达,而是一本充满激情和挑战性的历史编纂学专著。两位在美国大学工作的历史学家,近年来通过不同的讲堂、讨论班以及与众多同行的讨论,最终写成了这本精炼而深刻的小书。书稿完成之后,他们决定仿效一些数学家的做法,把全文连同目录和索引一道完整地发布到互联网上,以期引起更多学界人士对历史学的未来以及历史学家在公共生活中的作用等议题的关注。2014年10月3日,《历史学宣言》通过剑桥大学出版社公开上网,这大概是历史上第一部先发布电子版再付梓的学术专著。剑桥大学出版社在推介广告中写道:

　　　　历史学家该如何向当权者讲述真理? 这一点为何至关重要? 就规

划未来而言,为什么 500 年的视野要优于 5 个月或者 5 年?为何历史——尤其是长时段的历史——对理解造成当今社会种种矛盾的多重过去如此不可或缺?撰写《历史学宣言》一书的目的就是向历史学家及任何有感历史在当今社会该如何发挥作用的读者吹响战斗的号角。著名史学家乔·古尔迪和大卫·阿米蒂奇在经历了数十载术有专攻的专业发展之后,深刻洞悉了历史学近年来出现的向长时段叙事回归的大趋势。在著者看来,这种大趋势对未来的史学学术及史学向公众的传播而言至关重要。本书观点鲜明、论证缜密,对人们论辩和思考数字化时代历史学及众多人文学科所能发挥的作用颇有裨益,这其中包括决策者、社会活动家、企业家,以及普通听众、观众、读者、学生和教师等。

应该说,出版社与作者的宣传策略是相当成功的。一年多以来,《历史学宣言》在西方史学界引起了热烈的反响。该书上网还不到三个星期,2014年 10 月 22 日,英国广播公司就组织了一场广播辩论会,三位到场的嘉宾包括作者之一的阿米蒂奇,以及一位身为保守党下院议员的历史学家和一位名为"历史与政策"组织的负责人。后两人并不完全赞同《历史学宣言》中的观点,特别是书中对经济学家过多影响政府而导致当今政策短视的指控,以及对有关"长时段"和"短时代"优劣的评价等。

不过学界的多数回应是积极与肯定的。巴黎政治学院的皮凯蒂(Thomas Piketty)认为"这是一本非常重要、令人耳目一新的书","呼吁以更全球化的、长时段的和跨学科的方法探索包括气候变化、不平等根源和资本主义的未来等大问题"。纽约大学的本德(Thomas Bender)说:"这本精心撰写、思想深刻、研究深入的书,是对当代历史编纂学令人振奋的挑战。"伦敦政治经济学院的卡尔霍恩(Craig Calhoun)评论道:"阿米蒂奇和古尔迪通过《历史学宣言》发出了响亮的呼声,不仅要求对过去有更多的认识,而且集中于对公共知识自身历史的深刻而广泛的理解。"弗吉尼亚大学的诺维斯基

(Bethany Nowviskie)赞道:"大问题遇到大数据,这是一个在公共领域作长时段思考的令人叹服的案例。古尔迪和阿米蒂奇不仅为历史学科开辟了一条新航路,而且向公众说明了跨学科历史的用途。我深信,大历史的回归在理论上是充分的,在技术上是可行的,在政治上更是势在必行。"

通观全书,其核心思想是批评当前史学界的短视与碎片化倾向,呼唤长时段历史(long-term history)的回归,号召历史学家在政治决策与公共领域发挥更积极的作用。作者在书中警告道,历史学科正在逐渐失去对普通公众的吸引力,它往昔在政治决策者那里的优越位置正被其他学科所代替,但后者的立场往往不是基于历史事实,而是以满足当权者任期需要为重要参照。他们特别指出,以美国为例,至少在有关气候、世界政府和不平等这三个公众议题上,有关未来发展的话语权完全掌握在那些将人的本质看做是静态的经济学家手里。

两位作者指出,从历史上看,大学是人类文明创造出的最富韧性、最为持久的组织之一;而20世纪问世的大公司、大企业,平均半衰期只不过75年。长期以来,大学中的人文科学,特别是历史学,是向后代灌输"人之为人"这一教育信条的最基本的工具。作者说,至少在过去的500年里,历史学家始终是人群中最敢于向当权者讲述真理的,他们善于观察长时段的社会变迁,勇于向公众揭露腐败行为,因此有能力把历史过程置于更大的背景下加以拷问。

根据古尔迪和阿米蒂奇的分析,长时段历史的消退产生了两个互相关联的后果:其一是无论在公共机构还是在私人企业那里,都缺乏从整体上对国家与社会未来负责的可持续计划;其二是对眼下正在削弱的大学,特别是其中人文学科的生存带来更多的伤害。关于前一点,只要看看美国的金融政策和对全球气候变化的应对就一目了然了。他们指出,在这个争斗片刻不停和迅速获得回报的压力无时不在的时代,政治决策和市场战略乐于听命于短视的建言。对于后一点,他们补充道,随着现代研究型大学的兴起,诸如物理学、经济学和神经科学等显学(star disciplines)将会逐渐统治整个知识王国,而这一过程也会随着近期出现在许多国家科研教育领域中的新自由主义转向而加速。最终,那种通过数百年甚至数千年经验的整理与追索,去发现人类"存在之由"(*raison d'être*)的伟大批判传统正在迅速灭绝。

除了分析与警告,古尔迪和阿米蒂奇也提出了一些正面的建议。他们号召历史学家利用大数据时代到来的契机,拥抱计量史学(cliometrics)的复兴。书中介绍了一些历史学家创造的研究工具,包括作者之一发明的"纸机"(Paper Machines)、多种功能强大的词频统计器、图示软件、解密引擎以及超大型的资料库。这些新型的工具大大提升了大数据的精准解析,其功效是以往的历史学家不可想象的。作者认为,这种新的可用于思考历史与未来的数据分析正迅速取代老式的经济学分析,未来的信息科学家,环保学家,甚至金融分析师,一旦试图放眼未来,他们必将首先考察其应用的数据来自何方,那时的历史学家必将肩负愈来愈重要的社会使命,历史学也将被当作一种借以反思当前和前瞻未来的有力工具。

概言之,古尔迪和阿米蒂奇呼吁当代人珍视历史学的人文价值,强调历史学家的社会责任与风骨。《历史学宣言》的最终目标是重新唤回公众对历史的兴趣,鼓励历史学家积极介入政府决策和社会生活,以期迎来一个光明的"历史的公共未来"(the public future of the past)。在全书最后,作者再次仿效《共产党宣言》,煽情地发出"全世界历史学家,联合起来"(Historians of the world, unite)的呼吁。

《历史学宣言》的问世与西方近二十年来出现的"大历史"(big history)思潮不无关系。推动这一思潮贡献最大的人,是现在供职于澳大利亚麦考瑞大学的美国历史学家大卫·克里斯蒂安(David Christian),其代表作《时间地图:大历史导论》(2004)将人类的历史与自然演化的历史视为同一时间维度下的整体,其开端是大约137亿年前的宇宙大爆炸。2010年,国际大历史学会宣告成立,受到比尔·盖茨支持的全球大历史研究所和旨在向中小学生传授"大历史"知识的网络教育计划相继出台。延续克里斯蒂安思路的著作也纷纷问世,如蔡森(Eric Chaisson)的《进化的史诗:宇宙的七个阶段》(2006)、布朗(Cynthia Brown)的《大历史:从宇宙大爆炸到今天》(2007)、斯皮尔(Fred Spier)的《大历史与人类的未来》(2010),以及克里斯蒂安本人的《极简人类史》(2007)等。

《历史学宣言》在叙述"长时段回归"的时候,也提到了这种被作者称之为"深度历史"(deep history)和"大历史"的研究,但是他们的"长时段"主要限于人类活动的历史,特别是文明诞生以来的历史。两位作者特别推崇年鉴学派提倡的"长时段甚至超长时段的历史"(*l'histoire de longue, même de très longue durée*),也就是以数世纪或数千年为尺度的历史叙事。这一点与晚近兴起的"大历史"既有联系也有区别。

国外对《历史学宣言》的一些批评集中在作者对"长时段"的强调上,不过在我看来,阿米蒂奇与古尔迪争辩的要点不是"长与短"的优劣,而是呼吁当代历史学家要有宽阔的视野和考察大问题的雄心。李约瑟(Joseph Needham)就是这样一位有着宽阔视野和追索大问题之雄心的学者,他的《中国科学技术史》的意义超出了"中国"和"科学技术"的范畴。作为国际跨文化研究的先驱,李约瑟的目标是促进人类不同文化间的理解,而中国古代的自然观与技术成就正是抵达这一目标的理想引桥。

由此想到《历史学宣言》中谈到的"反事实思维"。作者声言,这是历史学家熟悉并经常应用的一种拷问方法。书中写道:"假如我们抛弃了蒸汽机,我们是否就能够沿着气候变迁之路向回转呢?仅靠风力舰船和高效铁路运输的维多利亚时代经济能支撑这个世界吗?我们还要思考一下:再回到牛耕时代是否就可以发展成可持续的农业生态呢?假如回到过去便可以拯救我们的地球,那我们究竟要往回走多远呢?"读罢这段话,不禁想起那些以"未曾发生的事对历史学无意义"来质疑"李约瑟问题"的做法,然而古尔迪和阿米蒂奇并不认为李约瑟的"why not"式提问是一个类似"克莉奥帕特拉的鼻子"的无聊设问,他们声称:"历史思维中的因果关系以及与此直接相关的历史责任问题都是反事实思维的结果。在可持续发展时代,每一个人都须从事反事实思维,因为这种形式的历史思维对试图建造一种不会带来气候变化的拖拉机的发明家和企业家,对试图设计可持续发展世界农耕技术的遗传学家,均可谓不可或缺。"

其实有关这一问题可能遭致的误解,李约瑟本人早有意识。他在1969年出版的《大滴定》的导言中写道:"我将这些文章集合成书,希望能对比较知识社会学中这个伟大而悖谬的主题做出阶段性说明。"它的"伟大"出自宽阔与长时段的视野;它的"悖谬"在于丰富而深邃的内涵——近代社会的起源、科学革命、现代化的途径,以及文化多样性与科学普适性之间的张力,这些都是当代思想文化建设中富有挑战性的大问题。"李约瑟问题"也是一个高度凝炼的启发式论纲,可以借此展开对中国古代科学、技术与社会的宏大叙事。

剑桥大学的劳埃德(Geoffrey Lloyd)在《古代世界的现代思考》(上海科技教育出版社2008年版)中写道:"我们承担不起背弃历史教训的骂名。两个伟大的古代文明,中国和希腊,各自进行了意义深远、发人深省的研究。今天无论是在我们自身的智力操练当中,还是在政治、道德和教育方面所面临的困难当中,我们仍能从两个伟大文明的古代研究中深受教益。"李约瑟正是站在长时段大历史的制高点上,以中国古代的科学与文明为智力操练的对象,提出了意义深远而发人深省的大问题。

《历史学宣言》对于当代中国同样具有重大意义。始于20世纪70年代末的改革开放给中国带来了巨大的红利,在经济领域取得瞩目成就的同时,生态与文化建设的滞后、政治口号与社会现实的脱节、贪腐官员与百姓利益的冲突、行业及地区差距的拉大,种种潜伏的危机随时可能爆发并葬送中华民族复兴的希望。解决当今中国社会面临的巨大矛盾,不应该仅仅听从政治学者和经济学家的意见,长时段大历史的经验需要引起决策者的足够重视。

近代科学、科学革命和启蒙运动等相关的历史变故都没有发生在中国本土，到了晚清"西学东渐"大潮高涨的时代，西方已经走过了300多年的路程，而对理性与价值关系的追索可以上溯到更久远的希腊文明与希伯来文明。如果对这些历史的来龙去脉缺乏必要的了解，弘扬科学精神与提倡科学发展就成了空中楼阁。与科学精神截然对立的反智(anti-intellectualism)思潮不是近代社会的产物，而是一个植根于传统文化的千年痼疾。对权威的怀疑在我们的文化中是相对缺位的，它与反智论的肆虐相得益彰，由此提供了群氓和奴才生长的土壤，对国民精神造成难以治愈的创伤。借助于长时段大历史，我们不仅能够通过弘扬优秀传统增强民族自信，而且可以发现自己精神方面的缺失以利于治愈和康复。

中国有着悠久的历史编纂学传统，司马迁的"究天人之际，通古今之变，成一家之言"是史家的最高境界。《史记》还开创了将天文、历法、地理、音律、计量学、水利工程和经济史料包括在官修正史中的传统，这与当代"大历史"的提倡者们将历史学的对象从单纯研究人际关系扩充到人与自然的关系可谓异曲同工。大气磅礴的《太史公自序》可以说是公元前2世纪的一篇《历史学宣言》，该文首先追溯史家源流，从"昔在颛顼"开始直到"谈为太史公"；又述及出身、家学与游学经历，"生龙门，耕牧河山之阳。年十岁则诵古文……南游江、淮，上会稽，探禹穴，窥九疑，浮于沅湘；北涉汶泗，讲业齐鲁之都，观孔子之遗风，乡射邹峄；厄困鄱、薛、彭城，过梁、楚以归"；复记先父所论阴阳、儒、墨、名、法、道六家要旨，最为传神的是司马谈临危执子之手而泣，连呼"是命也夫，命也夫"，及至最后作者发出宏愿："先人有言：自周公卒五百岁而有孔子，孔子卒后至于今五百岁，有能绍明世，正易传，继春秋，本诗书礼乐之际？意在斯乎！意在斯乎！小子何敢让焉？"历史学家的使命感表达得如此淋漓酣畅，放眼世界，在司马迁之前或之后相当长的年代里，还找不到第二个史家能写出如此高贵与庄严的文字。可以说，司马迁为中国历史编纂学建立了一个很高的起点,在中国古代的学术传统与读书人的精神生活中,历史学这门知识构成最坚实的内核。"六经皆史",此之谓也。

近来在新式媒体上看到,有人断言历史学将成为中国当代的显学。这不是因为各种古装片、宫廷戏的大行其道,也不是"大国崛起"之类的正片引起人们对全球史的关注,更重要的是公众强烈渴望了解历史的真相,特别是在经历了种种挫折与曲折之后,一个正在追求伟大复兴的民族面临重大道路选择的时刻。我真心希望这一断言成真,《历史学宣言》的呼唤在中国得到更热烈的回应,司马迁的雄心与李约瑟的视野能得到国人更深刻的理解与同情。

本书的译者孙岳硕士阶段主修英美文学,博士期间攻读历史,现在供职于首都师范大学外国语学院及历史学院全球史中心,多年来一直关注融合自然史与人类史的"大历史"。他还是上面提到的国际大历史学会理事,同时也是刘新成教授领导下的全球史中心的骨干成员,该中心编辑出版的《全球史评论》系列是国内从事长时段大历史研究的重要阵地。孙岳亦曾翻译过本书作者之一阿米蒂奇的另一本书《独立宣言:一种全球史》(商务印书馆2014年版),颇得作者赞许。由他来翻译《历史学宣言》是再合适不过的了。

祝愿《历史学宣言》在中国获得更多的读者与关注。

刘 钝

2016 年初夏于北京

目　录

前　言

　　《历史学宣言》是在多轮讨论之中诞生的,讨论的议题包括史学的未来、　
长时段的回归以及史学在公共文化中的作用等。乔·古尔迪认为,是杰里
米·D.亚当斯(Jeremy DuQuesnay Adams)和大卫·尼伦伯格(David
Nirenberg)为本书的撰写播下了思想的种子;大卫·阿米蒂奇也主张,是与艾
莉森·巴斯福德(Alison Bashford)和达林·麦克马洪(Darrin McMahon)的交
流催生了自己的想法。交谈导致了合作,一篇研讨会提交的发言稿很快演变
成一篇论文,论文再经拓展就成了眼前的这本书。本书能够最终成型得益于
其他许多人的关爱,既有私人生活的,也有专业学术的。乔·古尔迪在此要特
别感谢扎切里·盖茨(Zachary Gates),大卫·阿米蒂奇则要向哈佛大学历史
系的工作人员特别致意,感谢他(她)们的耐心和支持。同时,我们两个人都特
别感激扎切里·戴维斯(Zachary Davis),其助研之功既高效又富有想象力。

　　本书的部分内容曾在耶鲁大学法学院和位于巴黎的瑞德学院宣读过,
我们对听众的评判和鼓励表示感谢,同时要感谢以下学者对本书内容的反

馈,他(她)们是:詹妮·安德森(Jenny Andersson)、马吉·阿弗里(Margy Avery)、欧默尔·巴托夫(Omer Bartov)、彼特·伯克(Peter Burke)、詹妮弗·伯恩斯(Jennifer Burns)、哈罗德·库克(Harold Cook)、西蒙·德迪欧(Simon DeDeo)、马特·戴斯蒙德(Matt Desmond)、保罗·弗里德曼(Paul Freedman)、斯特拉·格瓦斯(Stella Ghervas)、约翰·吉利斯(John Gillis)、汤姆·格里弗斯(Tom Griffiths)、琳恩·亨特(Lynn Hunt)、丹尼尔·居特(Daniel Jütte)、杰里米·凯斯勒(Jeremy Kessler)、丹·斯梅尔(Dan Smail)、安娜·苏(Anna Su)、约翰·威特(John Witt)和丹尼尔·沃尔夫(Daniel Woolf)。我们还要感谢《年鉴》(Annales)杂志的编辑们,尤其是艾蒂安·安海姆(Etienne Anheim)和安托因·里尔蒂(Antoine Lilti),因为该刊登载的一篇论文其部分内容就来自本书的前两章。

《历史学宣言》是携手合作的产物,不止两位作者的合作,还有作者和剑桥大学出版社的合作。理查德·费舍尔(Richard Fisher)可谓独具慧眼,从一开始便从出版社高层管理者的角度竭力支持本书的撰写。没有利兹·弗里恩德-史密斯(Liz Friend-Smith)编辑的执着、干劲和热情,我们可能根本还未动笔,更别提如期完成这本书了。克里斯蒂娜·萨里吉安尼多(Christina Sarigiannidou)和罗萨琳·斯科特(Rosalyn Scott)在时间紧、任务急的情况下,依然能够从容淡定并如期完工着实令人钦佩。芭芭拉·多赫蒂(Barbara Docherty)堪称一位模范的技术编辑,自始至终都高效敬业,而卡洛琳·狄培文(Caroline Diepeveen)也在时限之内赶出了一份出色的文献索引。出版社从一开始便坚持《历史学宣言》一书要采取免费公开网上发布的形式出版,可谓别具一格且令人振奋。我们期待着这一实验性的做法会引发更多的学术讨论。凡有兴趣的读者都可登录网站 historymanifesto.cambridge.org 加入讨论。

乔·古尔迪,于罗得岛州普罗维登斯
大卫·阿米蒂奇,于悉尼
2014 年 7 月

x

导论　人文学科的篝火

一个幽灵，短期主义的幽灵，正困扰着我们这个时代。　　　

我们生活的时代危机呈加速上升之势，而就在此时，却缺少了长时段的思维。海平面不断上升，危及低地社区人类的生存；全世界各个城市垃圾堆积如山；当今人类所为正毒化着未来的人们赖以为继的海洋、陆地和地下水。在各国内部，贫富悬殊的现象不断加剧；国与国之间的不平等问题虽有所缓解，但国际间等级林立，似乎又回到了18世纪末中国统治全球经济的时代。我们不禁会问：安全在哪里？ 自由又在哪里？ 我们的子孙能够称之为家园的地方何在？ 你找不到一个长期的公共机构来回答，根本没有人试图回应上述重大的时代变迁。相反，我们生活中每一层面的筹划、管理、评判以及支出，都是以几个月至多是几年为时段操作的，而且基本没有什么机会摆脱这种短期基准的制度架构。没有人会提出长时段的问题，因为人们觉得这样做毫无价值。

在这个不停竞选的时代，政客们筹划问题的时限只是下一次的参选。他们在公众演说中当然会谈到后代子孙的福祉，但两到七年的任期决定了哪些问题必须优先解决。其结果便是，少有资金投入到凋敝毁损的基础设施和学校教育，更多的资金被投入到增加目前就业的项目。大多数公司主管筹划未来发展时也是这种短期的视野，因为季度报表的周期决定了主管们必须确保在任期间能够不断盈利。[1]对人力资源的长期投入从资产负债表中消失了,所以实际投资干脆被砍掉。国际机构、人道主义组织和非政府组织也不得不因循同样的逻辑,把自身的计划调整为一年或至多三年。短期主义的威胁无时不在,从官僚机构到公司董事会,从普通的投票者到国际援助的接受者,似乎无人能够逃脱。

反潮流者当然有之。比如,1998 年,美国加州的网络幻想家斯图尔特·布兰德(Stewart Brand)成立了恒今基金会(Long Now Foundation),专门致力于提升人们的长时段意识。"人类文明正加速陷入一种病态的短期视界,"布兰德这样写道,"这种短视行为必须得到纠正,而要纠正就需要某种鼓励长时段思维、督促长时期负责任的机制或神话。这里所谓的'长时期'至少要以百年计。"为解决短期主义盛行的问题,布兰德别出心裁地树起了一座恒今万年大钟,恰好用来记录数世纪甚至数千年的时段历程。[2]

尽管如此,缺少长时段的视野确乎是我们这个时代根深蒂固的特征。这种疾病甚至还有一个名字,叫做"短期主义"。短期主义的践行者颇多,但少有辩护者。它植根于我们的各个机构之中,以至于变成了我们的一种习惯,大家只知照样遵行,却不问是何道理,平时颇多抱怨,却不关心问题的症结所在。20 世纪 80 年代,至少在英语中有了"短期主义"的称谓;而在此后的年代,人们使用"短期主义"一词的频率大幅攀升(参见图 1)。

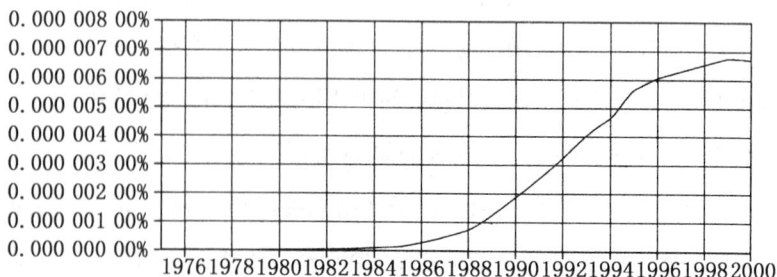

资料来源:谷歌书籍词频统计器(Google Ngram viewer)。

图 1　1975—2000 年前后文献中"短期主义"的使用情况

迄今,对"短期主义"最为有力的诊断来自牛津马丁后代委员会。2013年10月,由世界贸易组织前总干事帕斯卡尔·拉米(Pascal Lamy)牵头的委员会分会发布了一份报告,名为《从现在着眼于长期》(*Now for the Long Term*),特别"关注现代政治中日渐提升的短期主义以及面对形塑人类未来的重大挑战我们整体无力打破僵局、积极应对的问题"。虽然报告的基调不甚积极乐观,但毕竟其主旨是富于前瞻性并面向未来的。报告的《前言》中引用了法国前总理皮埃尔·孟戴斯-弗朗斯(Pierre Mendès France)的一句话,即:治理是前瞻的艺术(gouverner, cést prévoir)。[3]

设想用长期思维取代短期思维并不是特别困难,但要真的将长期主义付诸实践却是异常艰辛。当机构或个人试图清晰描绘一幅关于未来发展的前景之时,却发现相关的可靠资料是如此之少,所以根本无力为之。我们习惯性地求助于理论,而非事实。比如,有理论称历史迟早是要终结的,而当今世界又热又平又挤。[4]我们从书中读到,所有的人类事件都可还原到物理的模型,都可以得到经济学或政治学的演绎,或通过进化理论从人类早期的狩猎采集开始加以解释。评论文章应用经济学模式解说相扑手、用旧石器时代人类学界定男女约会的习俗。[5]诸如此类的说辞不断见诸报端,其鼓吹者甚至被提升到公共知识分子的地位,诸如此类的规则也似乎印证了某种恒久不变的掌控着人类世界的杠杆的存在。但这类说辞其实根本无法解释为何经济发展过程中会出现变动不居的层级结构,为何性别认同会出现变化,为何我们这个时代的银行业会发生重组、重构。只在偶尔的交谈中,人们才会注意到我们周围的世界从长时期看总是变化不断,这些变化与我们的生活息息相关且仔细观察并不难得见。我们周围的世界显然处于变化之中,并不受某些固定模式的圈囿。但现实生活中又有哪些人接受过专业训练,能够静观其变并把深度时间(deeper time)中的变化规律清晰传达给世人呢?

甚至以洞悉未来为己任的专家们审视过去的视野也相当浅近。斯图尔特·布兰德的恒今基金会面向未来一万年,但回顾过去的时限却仅有几百

3

年。马丁委员会确定的目标是要证实各种"大趋势"的存在,比如有关人口增长、移民动向、就业、不公平现象、可持续发展以及卫生保健等方面的规律,而委员会中竟无历史学家晓以在一个生命周期中或在数世纪、数千年间呈现的趋势本身的变化。事实上,该委员会在名为《从现在着眼于长期》的报告中援引的例证很少有20世纪40年代末之前的,大多数例证来自过去三十年间,虽然这些人自诩为未来学家且报告中也有标题称"后顾以前瞻"。他们虽然立意克服短期主义,但这种历史上的短视即为短期主义的一个主要症状。

现实的情况是,整个世界都在渴望长时段的思维。无论是在政治学系,还是在餐桌上,全世界的公民都在抱怨现实政治的停滞不前和两党制度的局限。从世界银行到世贸组织,我们缺少严肃可行的方案以取代自由放任的资本主义,而这正是当今世界全球治理的标志性特征。货币、民族国家正如同海平面一般起起落落。甚至在发达经济体中一代人以前异常稳定的职业也变得不再稳定。究竟接受什么样的教育能够使受教育者应对瞬息万变的人生旅程?年轻人既要学会倾听和交际,又要习得评判各式各样的机构的本领,要弄清哪些技术会大有前景,哪些注定会穷途末路,要明了国家与市场以及二者之间的关系,但所有这些怎样才能够做到?更何况他们还必须同时留意这样一个更大的问题,即:我们究竟从何而来?又将循何而去?

* * * * *

要反思过去以瞻望未来其实并不是很难做到。我们大多数人首先会觉察到家庭内部的变化,觉察到代际之间无时不在的紧张关系。即使在这种家庭内部的互动中,我们同样会后顾以前瞻。同理,无论是社会活动家还是企业家,机敏的人也会在日常活动中凭直觉觉察到变化并以往鉴今甚至将来。能够比同时代人早一步觉察到经济领域的重大变迁就有可能发财致富,就如同房地产商注意到富人纷纷迁往先前的贫民窟并及时开发就能赚大钱一样。有人觉察到政治上的变迁,即大公司的权力急剧上升、先前的立法被废除,就会发起像占领华尔街这样的运动。无论年龄大小,也无论收入是否稳定,我们总试图洞悉时刻变化着的世界格局。总之一句话,洞悉连接过去与未来的链条,对我们如何采取下一步的行动至关重要。

但又有什么人以长时段的视角书写诸如此类的变革呢? 有什么人培养那些能够从我们共同的历史中汲取经验并以此瞻望美好未来的人才呢? 对媒体人而言,世纪或时代显得那样神秘莫测、宽广无垠,所以根本不予理会。只是在极偶然的谈话中,人们才关注到历史存在某种连续性,而且卓然可见。但若问训练有素之士,能够持续不断地静听深度时间的脉动并将此传达给世人,则似乎闻所未闻。

大学的一个特殊使命就是培养具备长时段思维能力的学子。从历史上看,大学可谓是人类所创造出的最富韧性、最能坚持、最为持久的机构之一。位于印度比哈尔的那烂陀大学 1 500 多年前建校,当初只是一座佛学场所,而今复兴成为学术重镇。在欧洲,则有博洛尼亚大学(1088 年)、巴黎大学(约 1150 年)、牛津大学(1167 年)、剑桥大学(1209 年)、萨拉曼卡大学(1218年)、图卢兹大学(1229 年)、海德堡大学(1386 年)等,这些学府的历史均可追溯到 11 至 14 世纪。而在 16 世纪中期的秘鲁和墨西哥也有数所大学,其建立甚至比哈佛大学或耶鲁大学早数十年。相比之下,20 世纪问世的大公司、大企业,其平均半衰期只有 75 年:就世界范围而言,可能只有两家公司的寿命可以和上述大学媲美。[6]

大学与宗教机构是传统的载体,亦可谓深度知识(deep knowledge)的护卫。这类机构所从事的研究不计利润,也不问是否能够直接应用,所以本该是创新的中心。[7]恰恰是这种无关利益的追求使得大学特别适合利用长时期存留下来的资料探寻长时段根本问题的答案。正如大洋洲最古老的大学悉尼大学(1850 年建校)副校长所言,大学依然是"唯一能够进行长时期大量基础建设投资的机构……商业企业投资一般都追求在几年的时间内就能得到回报。如果大学也是这样，那么在全球范围内便不会再有什么机构有能力投资 20 年、30 年或 50 年为时限的科研项目"。[8]

然而大学扶持长时段无关利益研究的特殊能力可能和长时段思维本身一样岌岌可危。在大学有史以来的大部分时期，继承和批判传统的职责都是由人文学科承担的。[9]如今，人文学科研究的内容包括语言、文学、艺术、音乐、哲学、历史，而在最初的设计中还包括所有非职业化的学科，如逻辑和修辞，但不包括法律、医学和神学。人文教育的目的恰在于它的非工具性，即拷问理论与现实、提出问题并探寻解决思路，却不包括提出现实的目标或实施方案。伴随中世纪大学演变成现代研究型大学，私人基金会逐渐开始接受公共机构的控制和资金支持，人们对人文学科的目的也不断地进行着拷问和质疑。至少是在上一个世纪，凡是有人文学科教学科研的地方，便有人争论它到底"有什么用"，"价值"又何在。捍卫人文学科最紧要的说法是它有传承——并拷问——价值观的使命，往往是绵延数世纪、数千年的价值观。所以说要抵御短期主义，一切都应由此开始。

不过我们无论置身何处，听到的都是人文学科已经陷入危机。比如，美国历史学会前主席琳恩·亨特（Lynn Hunt）最近便直言："整个史学已深陷危机，远不止是大学资金紧缺的问题。"[10]虽然这样的说法并无新意，但凭借历史学独有的视角，我们还是要说，最近的半个世纪，整个人文学科一直处于危机之中。虽然危机在每个国家的表现有所不同，每一个十年的危机也颇有差异，但人文学科的劲敌却始终如一：相比所谓"硬"科学，人文学科显得较"软"，后者的发现也貌似含糊不清；相对铺就职业化的学科，如经济学或法学，人文学科就好像是一件奢侈品，甚至是放纵自我的癖好；相较更能赢得客户青睐的软件、工程和制药等方面的技能，人文学科显然缺少竞争力；人文学科所倡导的独特方法，如细读文本、注重抽象价值、主张批判性思维高于工具理性思维，所有这些在新技术面前却显得虚弱、会被认为是幼稚可笑。人文学科的敌手或怀疑者会说，人文只关注偶然性（而不是工具性）、内容陈旧过时（而不是令人有兴致）、整体日渐疲弱（而不像新技术那般适应时代需求）。[11]

　　大学遭遇严重危机有几个主要原因。大学里通过教学和出版积累、传播知识的做法正经历某种深刻的变革，变革的力度之大，为过去五百年所未见。在世界各地，尤其是在北美，父母和学生已经习惯了那种能够塑造专业技能的大学，主要是那些显学，如物理学、经济学、神经科学，这些学科出产论文的速度可创纪录，却对传统的学问不甚关心。最近，"人文学科危机"的话题备受关注，人们从各个角度探讨出现危机的原因。选修人文学科的学生数量早已大不如从前。大规模网络开放课程（MOOCs）的出现似乎预示着传统的小组教学、师生密切互动的模式行将灭绝。人文学科与科学学科之间的界限日渐加宽，使得上述人文学科的教学方法显得古怪而无用。因为要争夺公共资源和私人赞助，外面的人期待着大学能够创造价值，而里面的人则急切地试图证明自身做法的可行性。对人文学科的教师而言，面对上述的内外压力就好像是迎战九头蛇海德拉（Hydra）：一方面是任务艰巨——所以颇具英雄气概；而另一方面还要不懈战斗，因为小胜之后马上就会发现新的对手。

　　当然，大学里的管理人员、教学科研人员和学生都必须同时面对上述各种挑战。他们必须努力找到一条进路，以保全大学独有的品德，尤其是人文和社会科学的品德。其中非常重要的一点，就是必须有能够超越学科狭隘追求的专家，而不是紧盯着客户的投资、下一轮商业周期或下一次的选举。事实上，对于深陷短期主义危机之中的世界而言，我们必须深谙到哪里才能了解到有关历史与未来关系的讯息。本书的论点就是：历史这门学科恰是我们这个时代不可或缺的仲裁者。

＊　＊　＊　＊　＊

　　不过，公众若要想在大多数大学里的历史系找到克服短期主义的解决方案可能会相当失望,至少直到最近的情况会是这样。如以下各章所述,历史学家的叙事一度是相当宏大的,但在差不多 40 年前,他们中有许多——如果还称不上绝大多数的话——不再这样做了。有两代人,大致是在 1975 年至 2005 年间,他们的研究视野仅在 5 年至 50 年之间,也就是说差不多是生物学意义上一个人的成年期。历史研究中时间范围压缩的趋势由美国出产的博士论文可见一斑。美国很早以前便接受了德国的博士生教育模式,此后,美国培养的历史学博士的数量世无匹敌。1900 年,美国历史学博士论文平均覆盖的时限是 75 年;而到了 1975 年,这一时限降到了平均 30 年。此时,学子们更加注重原始文献的把握,要全面掌握日渐升腾的史学理论,要能够细致入微地重构和分析历史过程:而所有这些俨然成了史学专业化的标志。本书在后面的行文中,将详述这种时段的专注化——或称紧缩化——之所以发生的缘由和经过。在此,仅需提示:在 20 世纪的最后 25 年间,短期主义成了学术追求的时尚,同时演变成了一个公共问题。

　　本书将说明,就在这一时期,专业史学家把整合历史知识的重任拱手交给了根本不具资历的作者,与此同时,史学家也失去了他们一度享有的对政策的影响力,而将这种影响力交与了他们的社会科学同行,尤其是经济学家。专业史学和非专业史学之间的鸿沟进一步加大。史学在经历了 2000 年的辉煌之后,其指引公众生活的古训几乎荡然无存。伴随着"历史时段的紧缩,……史学莫名其妙地不再关乎历史"[12]。历史院系也随之面临各种令人心悸的新的挑战:人文学科陷入重重危机,突出表现在修习历史的学生人数不断下降;行政人员和政治老板愈来愈多地要求院系展示其所谓"影响";而院系内部对自身学科的价值却愈发地缺少自信,只好冷眼静观相邻学科的教室学生爆满、受人追捧、对公众发生更大的影响。

　　但也有迹象表明,历史学中的长时段正在回归。历史学博士论文涵盖的课题范围不断拓宽,专业史学家发表专著的时段再度延长至 200 年甚至 2 000 年,史学的境界也正在变得更为宏大,出现了涵括整个人类历史、长达四万年之久的"深度史学"(deep history)，甚至有追溯到 138 亿年前宇宙大爆炸的"大历史"(big history)。在历史学的众多领域，大又回来了。[13]或曰：长时段又出现了回归。这就是本书对当今史学发展趋势的诊断，也是本书作者乐于看到的可喜现象。[14]在上一个十年，学院内部兴起了对大数据、大问题的热切关注，比如长时期的气候变迁、公共治理和社会不平等等问题，而这一点又令人重新提出历史在数世纪甚至数千年间是如何展开的，以及这一认知对人类的生存和未来发展究竟有何意义的问题。史学由此获得了一种新的责任感和紧迫感，诚如一位践行史学公共未来研究的学者所指出的那样，史学家"本当认识到，他们讲述历史的方式直接影响到当今时代对其潜能的认知，因此乃是对世界未来的一种干预"[15]。

其实，此类研究的形式和认识论基础并不新颖。长时段(*longue durée*)作为一种历史技艺的概念是 50 年前的 1958 年法国大史学家费尔南·布罗代尔(Fernand Braudel)发明的。[16]但在此后，长时段作为一种历史研究的境界和书写方法却消失了将近一代人的时间，直到近年才重现。我们认为，这种思路的消失有社会的和学术上的双重原因，而其回归则有政治和技术方面的动因。不过，重新回归的长时段却不同于最初的设定。正如法国社会学家皮埃尔·布迪厄(Pierre Bourdieu)所说："回归旧有的时尚绝不是说与过去'完全一样'，因为回归后的东西与回归前隔着一重否定的过程，回归后的东西本身是对先前的一种否定(或称否定之否定)。"[17]新的长时段是在具备多种选择的学术生态背景下萌生的，具有活力和灵活性，而这是旧有的版本所不具备的。它与我们这个时代独有的大数据资源有一种新型的关联，如有关生态的、公共治理的、经济的、文化的大数据，这些都是近来通过数字分析才能得到的。鉴于这种新增的证据储备，新的长时段研究也具备更多更强的鉴别能力，对史学家和其他社会科学家、政策制定者和公众都是一样。

新的长时段虽在概念上可能源自过去，但其指归却是朝向未来的。从

9

这个意义上说,新的长时段的确标志着史学回归西方及世界各地历史思维的某些根本性问题。在历史成为专业史学——随之而来的是建院系、创期刊、组织认证协会等专业期许的正式的外部标志——之前,它的主要目的是教育性的,甚至承担改造社会的功能。历史帮助人们认清自己是什么样的人,资鉴统治者如何行使权力,规范为臣下者如何举荐,为广大民众提供一个识今通未的大的坐标。历史作为生活导师的使命从未完全消退,虽然史学的专业化以及大学里史学家们连篇累牍的做法确曾蒙蔽甚至阻碍这一目标的实现。但现在,历史的传统使命伴随长时段和时代提供的多种可能性又出现了回归,新的研究、新颖的公众参与成为可能。

* * * * *

本书对长时段的探讨可分为两个部分,每个部分又分两章。前半部分勾勒长时段思路在史学中的兴衰,后半部分展现长时段的回归并展望史学作为一门极重要的人的科学的前景。第一章追溯历史书写和史学思维的两种趋势,前一种在长达数世纪的时间里持久风行,而后一种则不过是最近几十年之内发生的。前一种趋势视历史的目的乃为当今的行动提供指南,在此,历史被当做一种资源,并以此瞻望未来发展的多种可能性;后一种趋势是晚近明确提出的历史研究中的长时段论,突出表现在与《年鉴》杂志有密切联系的 20 世纪一批极富影响的法国史学家的作品之中。这其中最有名的要数费尔南·布罗代尔,正是他提出了一套独特而且影响持久的长时段历史理论,包括时间、运动、人的动因(或缺少人的动因)、人与自然环境之间的互动以及经济和政治的结构性周期。本章在早期长时段理论的基础之上,提出史学应对未来的三种思路:命运和自由意志意识、反事实思维和乌托邦畅想。史学享有的这种自由使其有别于进化人类学、经济学及其他人类社会仲裁者所抱持的自然法则模式,容后详述。这种指向未来的思路对饱受短期思维困扰的现代社会而言可谓至关重要的补救措施,因为它能激发人们对可能的未来展开新的想象。

　　然而长时段论刚一问世便开始消退,这是第二章要说明的问题。从 20　　11
世纪 70 年代到 21 世纪初,全世界各地的史学家纷纷把关注点放到了短期问
题之上,虽然动机各异:有些人为了满足专业化的要求而转向原始文献研
究;有些人热衷从相邻学科借鉴理论;还有些人利用专业化和相关理论提供
的安全领地书写自己的极端政治诉求,往往与同时代发生的运动相契合,比
如在美国,较为突出的是民权运动、反战抗议和女权主义。正是这些形式各
异的欲求催生了一种新的史学,即专注与众不同的个体、莫名其妙的事件或
富有深意的历史节点的"微观史"(micro-history)。

　　当然,微观史的问世并不是要打消历史与时代生活的相关性。其实,时
常困扰历史学家的反倒是那种似乎万事均不期而至的铁律。英语世界的微
观史家往往特别热衷检验和揭露有关时间与动因的宏大理论的不切实际,
所以其著述常针对某个读者群体或某些社区,结果成为这些人的政治发声
筒。在此过程中,微观史家很自然地与当代学术界的另一种力量达成默契:
学者们纷纷趋向更高程度的专业化,所谓"内敛化"(inward turn)。他们只对
小范围的改革充满热情,所以,那种以旧式的"大学当指引公众生活、指点未
来"为指归的微观史家愈发不可多见。当然,微观史家并非唯一淡忘历史真
正使命的一群人。"宏大叙事"(grand narratives)——大框架、大过程、大比
较——变得愈发不受欢迎,而且不止在史学家当中。人们普遍认为,大图景
的思维退却了,而与此同时,短期主义呈上升的势头。

　　史学家从公共领域退出的后果是这一阵地被其他学科的学者占领,后
者的历史观不是基于历史证据而是普世的模式,其中最为突出的是地位日
升的经济学家。如本书第三章所述,经济学家们可谓如日中天:同时为左派
和右派提供政策咨询;为世界政府的大辩论做仲裁;甚至高谈早期人类狩猎　　12
采集的传统以及其经济理性如何造就了人类的现在和将来。至少在三个领
域——有关气候、世界政府和不平等问题的讨论——经济学家们的普世模

式主导着有关未来发展的话语。将人的本质看做是静态的而不是历史的,这种观点是有局限的,这一点在第三章的结尾部分有所阐述。为此,本书描绘了另外一种指向未来的研究取向,主张好的历史应涵括三种展望未来的模式,即:考察长时段的历史发展过程;揭露伪神话及其证据的来源;依据多重证据、数据构建一种多角度的历史-未来观,其中包括多个历史动因。

第四章部分说明能够取代气候末世论(climate apocalypticism)和经济预定说(economic predestination)的历史研究模式,指出短期思维在我们这个时代正面临来自信息技术的挑战,即铺天盖地的大数据和各式各样的解析大数据的手段。在此,笔者概述学者、商人、社会活动家和史学家如何利用这些新的数据整合有关不平等、气候变化的历史并以此对可能的未来加以展望。我们特别突出史学家创造的多种研究工具,这些工具大大提升了对上述数据的精准解析,并据此提炼出长时段思想变革的质化模式。我们试图说明,这种新的可用于思考历史与未来的数据分析正迅速取代老式的经济学分析,因为后者的指标还是20世纪30年代至50年代建立的,只能用于度量旧时的消费习惯和就业格局,显然有别于21世纪的生活现状。在未来的数十年,信息科学家、环保学家,甚至金融分析师一旦试图对未来有所洞见,亦将首先拷问其所应用的数据来自何方。数据生命的变化预示着未来的大学必将经历一次重大变革,那时的历史学家将承担愈来愈重要的作用,这一次,是作为大数据的仲裁者。

本书结论部分回归起点,探问我们这个时代谁将承担构建并解析大图景的问题。我们正处在一个民族国家和货币均动荡不安的时代,接踵而至的一系列环境事件将改变我们的生活方式,不平等的问题正困扰着全球的政治、经济体系。依据笔者撰写本书时所掌握的信息,我们要向读者和同行史学家强力推介一种我们称之为"大众前景"(the public future)的事业,即:我们所有的人都必须齐心协力加入大图景的建构,而要完成此任务,我们不只要后顾,还要前瞻。

历史之剑有两刃,一刃要割出未来发展的新的可能性,另一刃则要革除历史的喧嚣、悖论与谎言。在结论部分,我们另外提出三种不可或缺的审视历史的方式,这些方式关乎历史识古通今、去伪存真的真正力量。去伪存真可谓微观考据的部分遗产,但同样适用于大数据的鉴别,因为二者均要求史学家熟练检视主张背后的事实依据。历史还有一种解放的力量,在笔者看来,这种力量最终取决于它有能力界说万物其来有自的依据,有能力将大过程与小事件结合起来并将数不胜数的信息凝练简化成人皆可知、共同分享的版本。我们向世人推介这些方法,因为当今社会正被种种历史谎言所困扰,而这严重束缚了我们对整体未来的展望。

短期思维本没有什么问题,但短期主义一旦成为危机中的主导思维模式,问题就出现了。这就意味着我们都有回归长期思维、回归长时段的必要,这一点在当前显得尤其重要。我们要重新梳理历史与未来之间的联系,要学会用历史反思未来,这是我们必需的工具,而历史学家最擅长提供这些工具。

【注释】

[1] Alfred Rappaport, *Saving Capitalism from Short-termism*: *How to Build Long-term Value and Take Back our Financial Future*(New York, 2011); Dominic Barton and Mark Wiseman, 'Focusing Capital on the Long Term', *Harvard Business Review* 92, 1—2 (January—February 2014), 44—51.

[2] Stewart Brand, *The Clock of the Long Now*: *Time and Responsibility*(New York, 1999), 3: http://longnow.org/.

[3] Pascal Lamy et al., *Now for the Long Term*: *The Report of the Oxford Martin Commission for Future Generations*(Oxford, 2013), 6, 9.

[4] Francis Fukuyama, *The End of History and the Last Man*(New York, 2006); Thomas L. Friedman, *Hot*, *Flat*, *and Crowded*: *Why We Need a Green Revolution — And How it Can Renew America*(New York, 2008).

[5] The inspiration for these popularisations comes from works such as Steven D. Levitt and Stephen J. Dubner, *Freakonomics*: *A Rogue Economist Explores the Hidden Side of Everything*(New York, 2005); Gregory Clark, *A Farewell to Alms*: *A Brief Economic*

History of the World (Princeton, NJ, 2007); and Francis Fukuyama, *The Origins of Political Order: From Prehuman Times to the French Revolution* (New York, 2011).

[6] 'The World's Oldest Companies', *The Economist* (16 December 2004): www.economist.com/node/3490684.

[7] Stefan Collini, *What Are Universities For?* (London, 2012); Andrew McGettigan, *The Great University Gamble: Money, Markets and the Future of Higher Education* (London, 2013).

[8] Michael Spence, 'How Best to Measure the Value of Research', *The Chronicle of Higher Education* (8 August 2013): http://chronicle.com/blogs/worldwise/how-best-to-measure-the-value-of-research/32765.

[9] Rens Bod, *A New History of the Humanities: The Search for Principles and Patterns from Antiquity to the Present* (Oxford, 2013).

[10] Lynn Hunt, *Writing History in the Global Era* (New York, 2014), 1.

[11] 英美两国近期有关人文学科的重头辩护包括以下著述：Louis Menand, *The Marketplace of Ideas* (New York, 2010); Martha Nussbaum, *Not for Profit: Why Democracy Needs the Humanities* (Princeton, NJ, 2010); Jonathan Bate (ed.), *The Public Value of the Humanities* (London, 2011); Helen Small, *The Value of the Humanities* (Oxford, 2013)。

[12] Daniel Lord Smail, 'Introduction: History and the Telescoping of Time: A Disciplinary Forum', *French Historical Studies* 34(2011), 1, 2.

[13] David Christian, 'The Longest Durée: A History of the Last 15 Billion Years', *Australian Historical Association Bulletin*, 59—60 (August—November 1989), 27—36; Christian, 'Big History: The Longest "Durée"', *Österreichische Zeitschrift für Geschichtswissenschaften* 20 (2009), 91—106; Tom Griffiths, 'Travelling in Deep Time: La Longue Durée in Australian History', *Australian Humanities Review* (June 2000): www.australianhumanitiesreview.org/archive/Issue-June-2000/griffiths4.html.

[14] David Armitage and Jo Guldi, 'Le Retour de la longue durée. Une perspective anglo-saxonne', *Annales. Histoire, Sciences sociales*, 70 (2015). More generally, see Barbara Weinstein, 'History Without a Cause? Grand Narratives, World History, and the Postcolonial Dilemma', *International Review of Social History* 50(2005), 71—93; Penelope Corfield, 'The Big Picture's Past, Present and Future', *The Times Higher* (27 July 2007), 14; Donald A. Yerxa, 'Introduction: History on a Large Scale', in Yerxa (ed.), *World History and the History of the West: Historians in Conversation* (Columbia, SC, 2009), 1—12; David Christian, 'The Return of Universal History', *History and Theory* 49(2010), 6—27; David Sebouh Aslanian et al., 'How Size Matters: The Question of Scale in History', *American Historical Review* 118(2013), 1431—1472.

[15] Richard Drayton, 'Imperial History and the Human Future', *History Workshop Journal*, 74(2012), 167.

[16] Fernand Braudel, 'Histoire et Sciences sociales. La longue durée', *Annales. Histoire, Sciences sociales* 13 (1958), 725—53; trans. as Braudel, 'History and the Social Sciences', in Braudel, *On History* (trans.) Sarah Matthews (Chicago, 1982), 25—54.

[17] Pierre Bourdieu, 'The Field of Cultural Production, or: The Economic World Reversed', in Bourdieu, The Field of Cultural Production: Essays on Art and Literature (ed. and introd.) Randal Johnson (New York, 1993), 60.

第一章　后顾前瞻：长时段的兴起

就后顾前瞻而言，历史学是特别有希望的一门学科，因为史学家本来就
是研究时代变迁的高手。至少在过去的五百年里，历史学家始终是人群中
最敢于向当权者讲述真理的，史学家有时候成为改革家或领袖，他们还善于
向公众揭露机构腐败的行为。[1]"愈察古今事，愈发富前瞻"，20世纪中叶的
政治大师兼历史学家温斯顿·丘吉尔（Winston Churchill）曾有如此感言。[2]

历史学家善察长时段的变迁，这使得他们有能力把历史事件和历史过
程置于更大的背景之下，而其他人则很容易因为年代久远而不加质疑或因
千头万绪而无力拷问。对历史学家而言，社会风尚和政治体制都不是一成
不变的。人们的嗜好和习俗往往在一代人的时间内就有所改变，而历经几
个世纪就会变得面目全非。[3]历史学家要拷问：究竟是什么人诱发了变革？
我们何以认定这些人构成历史的动因？因为他们不断地分析考察历史的因
果和行为，所以就成了洞悉变迁的专家。

历史学家有一种特殊的能力，表现在他们能够让令人确定不移的知识
变得不再那么确定，甚至还会拷问自己借以解析历史的观念本身是否已经
过时。[4]历史学家陈述历史变迁的手段是叙事，他们把解释与理解结合起
来，把对个案、细节和独特之处的探究与对格局、架构和规律的热切加以归

并,或用德国社会科学哲学家威廉·文德尔班(Wilhelm Windelband)的话说,历史学家善于把个殊式(idiographic)研究与通则式(nomothetic)研究结合在一起,文德尔班把前者归于人文学科的强项,而后者则属于社会科学的强项。[5]历史学家绝不会把全部历史归因于少数几条法则,而是希望在把事件和个体置入大的文化背景的过程中得到某些规律性的认识。所以说历史学家将人文学科和社会科学各自的程序和追求结合起来,便成就了史学批判性人文科学的特殊(如果还称不上是独一无二的)地位:史学不是一系列叙事的大串联,也不是要对当今时代加以肯定,而是促成改革、塑造可能的未来的一种工具。

上一代的史学家还对史学研究中另外一个重要维度——空间——进行了大量思考,也就是说如何在空间层面拓展史学研究的视野,超越自 19 世纪以来被人认为是理所当然的民族国家框架,看到大陆、大洋、跨区域关联并最终涵括整个地球,塑造"世界"史或"全球"史。目前,超越民族国家史为史学家津津乐道,因为大部分史学家怀疑传统史学以领土边界为藩篱的做法。相比更为新颖、也更具颠覆性的是超越传统历史断代法的举动,因为越来越多的史学家开始质疑史学中颇为主观的时间分界。跨国史(transnational history)在当下可谓如火如荼;跨越时间的历史(transtemporal history)也有可能在下一波风行火爆。[6]

多维度的时间可谓史学家特有的领地。"事实上,历史学家从无可能脱离历史上的时间问题:时间之于史家就好像土壤之于园丁的铲",费尔南·布罗代尔 1958 年在为《年鉴》杂志的撰文中如是说,也正是在该文中布罗代尔首次提出了"长时段"的概念。[7]布罗代尔对人类所处的多种时间——或称多态时间(multiple temporalities)——有深入的思考,而其"长时段"的说法对于史学家所从事的工作而言至为根本,相较对于其他人文学者或社会科学家则不甚重要。史学研究不可能摆脱时间之维。时间充塞着、牵引着并同时界定着整个历史研究。史学家正是在时间的土壤中耕耘、在时间的喷泉中畅饮。[8]

　　"长时段"的概念诞生于一场危机，或如布罗代尔所说，诞生于一场"人
类科学的整体危机"。这场危机的性质倒是与 21 世纪人们围绕人文和社会
科学未来的争论颇有几分相似：知识爆炸，信息被广泛传播；学科界限引发
了人们普遍的焦虑；相邻学科的研究者表现出明显的彼此不合作态度；而后
是大家齐声抱怨"居 心 险 恶、复 古 倒 退 的 人 文 主 义"（*un humanisme
rétrograde , insidieux*）窒息了学术研究。谁能说我们所处的时代缺少上述
表征呢？布罗代尔慨叹其他人文科学的学者对历史学科摆脱危机所做的独
特贡献视而不见，历史学提出的摆脱危机的方案实与作为整个人文研究核
心的社会现实的本质息息相关，那就是"瞬时与缓缓流动的时间的对立"
（*cette opposition … entre l'instant et le temps lent à s'écouler*）。在这两极之
间的常规时间是社会史家和经济史家历史叙事中所采纳的时间尺度：10 年、
20 年，或至多不超过 50 年。不过，在布罗代尔看来，这样挖掘出的历史危机
和周期性特征实际上蒙蔽了历史变革更深层的规律和延续性。此时，就有
必要跳跃至另外一种不同的时间尺度，即以数世纪或数千年为尺度的历史
叙事，那种"长时段甚至超长时段的历史"（*l'histoire de longue , même de très
longue durée*）。[9]

　　布罗代尔及同时代年鉴学派其他诸多史学家的追求是探寻更长的历史
时期内历史动因与环境之间的关系。当然，这种追求在 18、19 世纪——甚
至更为久远——的历史著述中并不乏先例，其前提设定，历史学家的职守是
从数百年、至少数十年的尺度看问题。为兑现这一追求并使之更为严谨甚
至具有可证伪性，就必须获取更多具量化的事实并具备衡量历史变迁的工
具，如此，长时段概念本身也不是一成不变的。对布罗代尔而言，长时段是
一系列用于架构人类历史的互有交叉但又互不排斥的时间尺度的一种。他
在其所著《菲利普二世时代的地中海和地中海世界》（*La Méditerranée et le
Monde méditerranéen à l'époque de Philippe II*，1949）的序言中以经典的手

16

笔描绘了三种时间尺度下的历史：一种是近乎静止不动的历史（*une histoire quasi-immobile*），讲述的是人与自然之间的关系；一种是节奏缓慢的历史（*lentement rythmée*），讲述国家、社会与文明；还有一种是较为传统的事件的历史（*l'histoire événementielle*），所以显得"短促、激荡和扣人心弦"。[10]非

17　常恰如其分的是，布罗代尔长时段历史叙事中的诸多特征是相当稳定的：它叙述的是地理时间，地质时间的成分不多；这一尺度的时间更多是循环的，而不是线性进步的；这里更多见的是静态而非动态的特征；而所有这一切是各种形式的运动和人类活动更深层的支撑。

　　布罗代尔将事件的历史与长时段的历史相对照，倒不是因为前者转瞬即逝所以只能轻描淡写——他在《菲利普二世时代的地中海和地中海世界》一书中确曾对这种类似"泡沫"和"萤火虫"的事件表现出不屑——而是因为这种历史太过纠缠于事件本身。这正如同当代的经济学家，布罗代尔指控说，他们的作品只是为时事而作，只是迎合短期的政治行为。[11]对历史做如此的理解，迎合权势、只顾眼前，实际上等于回避了解释，不可能形成理论。在布罗代尔看来，这样的做法既缺少批判的视野，又没有学术内容。他为社会科学提供的出路是回到更早时期出现的问题和前人提出的解决模式，比如马克思对重商资本主义的论述，马克思可谓具备长时段视野并创立第一个真正的社会科学解释模式（*vrais modèles sociaux, et à partir de la longue durée historique*）的"天才"。总之，甚至在半个世纪前，布罗代尔已经公开倡导回归长时段。[12]

　　不过时至1958年，布罗代尔与其他人文社会科学家的关系日趋紧张、势如水火，其中包括结构人类学家克洛德·列维-斯特劳斯（Claude Lévi-Strauss, 1908—2009），这迫使他不得不拓宽自己的长时段理论架构。他在专文中提出的所谓"长时段"其实并不是什么全新的理论而只在史学圈内颇有新意：19世纪研究物权法的法国历史学家已经在使用长时段理论；医学论文中已经在谈论慢性病乃长时期所致；社会学家已经在探讨长期失业

(*chômage de longue durée*)问题；研究经济周期的经济学家也早已熟知长时段概念。[13]

布罗代尔采纳长时段概念是接受了这些更早的做法，不过，他的研究不限于追溯很少变化的背景条件，还用于文化现象的长时期发展历程，比如拉丁文明、几何空间概念、亚里士多德的宇宙观等，其旨趣在将自然环境、历史久远的农业文明等联系起来。这些由人类创造出来的东西也会经历变革或断裂，尤其是在创新迭出或另类世界观或传统渗入之际。这类现象持续的时间要比经济周期更长，但比海枯石烂之类的自然变迁或游牧的生活节奏、牲畜的季节性迁徙等要短。这类不那么持久的现象可以世纪为单位度量，但同时也会在自然变迁、人与自然互动的节奏中有所洞见。

布罗代尔坦陈，他早年对长时段的思考是源于 1940 年至 1945 年战时在德被俘那段令人窒息的经历。当时这样做的目的部分是逃避集中营的生活节奏，部分是求得内心的希望，所以要放眼长时段——不过颇吊诡的是，哪怕是在这种长时段的历史叙事中也时常夹杂着监狱生活的意象。[14]到了 1958 年，当布罗代尔开始从理论上阐述长时段概念时，他早已坚信长时段对任何跨学科的理解乃至为根本，并且是摆脱战后流行的现世主义（presentism）的唯一出路。他提出长时段理论有机构和学术两种直接动机。在这篇文章发表前不久，布罗代尔已经当上了《年鉴》杂志主编，并接替吕西安·费弗尔（Lucien Febvre）担任著名的高等实践研究院第六部主任，因为费弗尔已在 1956 年去世。他必须要说明在众多的社会科学学科之中——尤其是面对经济学和人类学——历史学何以至关紧要。就是在这样一种激烈竞争——关系到声望、资金支持和专业自豪感——的氛围中，布罗代尔拿出了他的"王牌，……让他有理由提出史学乃统摄全部社会科学的学科，正如同数学一样"[15]。

与布罗代尔倡导的长时段历史研究相呼应，在法国还同时兴起了未来学——指向未来的长时段，倡导者是布罗代尔的朋友加斯东·贝尔杰

18

(Gaston Berger),时任法国教育部高教司司长,并创立了不久之后便由布罗代尔领导的人文科学之家(*Maison des Sciences de l'Homme*)。当时在大西洋两岸,未来学和历史学都被人广为关注、深入研究;事实上,这两个学科的未来前景——从其在众多人文学科中所获得的资金支持、享有的声望和机构的存续能力看——也紧密地联系在一起。[16]现代历史从一问世就在讲述欧洲 19 世纪的民族国家革命并指向建国,而到了 20 世纪,现代历史被重新

19 改造,讲述的是民族国家灭亡后的未来世界。

* * * * *

历史指向实际和未来,其实并非近期史学才有的特征。事实上,西方史学自古典时期以来的大部分时间里都保持着这一传统。历史乃"以实例教导之哲学"本是一个非常古老的观念;历史的目的在于指导实践,也同样是传习久远的箴言。比如,古希腊的历史学家修昔底德(Thucydides)撰写的雅典人和斯巴达人之间爆发的《伯罗奔尼撒战争史》开篇便明言历史当有用,其之所以有用是因为人性是不变的:来自过去的证据自然会对未来的人有帮助。罗马的史学家可能对堕落世界中人性不变的信条颇有顾虑,但其作品至少在两个意义上富于政治色彩:一是试图为在任的官员提供道德训诫,二是反思自身及国人的作为,通常由卸任的政治家或退役的军人进行。

正是在这种意义上,演说家、哲学家西塞罗(Cicero)将历史称作"生活的导师"(*magistra vitae*)。[17]这种历史追求和志向在此后的两千年里一直享有至高的权威,至少到 19 世纪早期,在此期间,人们始终将历史看作是指向未来的可贵的指南。之所以如此,部分原因是罗马人在其著作中展现了悠久的罗马共和的历史(往往夹杂着道德退化的意味),而教会的史学家——如尤西比乌斯(Eusebius)、圣奥古斯丁(St Augustine)等——也继承了这一传统,继续讲述抱持信仰的共同体的历史展演,在圣奥古斯丁,就是与罗马史相呼应的《上帝之城》(*Civitas Dei*)——即全体基督徒共享的不可见的教

会——如何在业已腐败不堪的世俗世界展演的故事。在欧洲的中世纪,不同社区的历史——无论是宗教的,如某个修道院,还是世俗的,如某座市镇——也往往横跨漫长的时段,虽不过是某个小地方或某一群人,时间从数十年到数世纪不等,但都延续了长久的时间线索,表现为连续不断的编年史。[18]

其实,我们称作西方现代史学的作品,其在最初也同样是设想以古典的模式塑造现世与未来。由充任参事、顾问之职的史学家,比如尼可罗·马基雅维利(Niccolò Machiavelli),书写的文艺复兴史或王者镜鉴总要承荫古训——往往是罗马人的古训,如马氏的《论李维》(*Discourses Concerning Livy*)——并以此作为王国或共和国的政治行为指南,有的是专门为君王而作,如马氏的《君主论》(*Prince*),而有的则专门为市民而书(马氏的《论李维》)。这类的历史大多先讲述某个市镇最初的建立和发展,然后是涵括多个社区的国民史,再次是欧洲史、帝国史,而到了 18 世纪,则是整个世界史。

在 19 世纪,尤其是在法国大革命的阴影之下,历史日益蜕变成政治斗争的重要工具,法、英两国的一流史学家——前者如弗朗索瓦·基佐(François Guizot, 1787—1874)、阿道夫·梯也尔(Adolphe Thiers, 1797—1877)、让·饶勒斯(Jean Jaurès, 1859—1914),后者如托马斯·巴宾顿·麦考莱(Thomas Babington Macaulay, 1800—1859)、约翰·罗素勋爵(Lord John Russell, 1792 -1878)——均以本国的革命历史为素材并试图以此塑造各自的民族未来。也是在这一世纪,用剑桥大学已故的维多利亚女王钦定历史学教授约翰·西利(J.R.Seeley, 1834—1895)爵士的话说,"'实用历史'的古老传统……被稍加改造,用以支持历史有益于政治家和公务员教育的观念,甚至成了'一所塑造政治家的学校'"[19]。历史能够指导未来政策的观念被政府、财政和军事等机构广泛接受,以至阿尔弗雷德·马汉(Alfred Thayer Mahan, 1840—1914)的著作《海权对历史的影响,1660—1783》(1890)成了美国、德国和日本海军院校军事战略课上的指定教材,历

20

经数十年而不衰。[20]也正是在这样一种大背景下,长时段历史研究问世,比如年鉴学派的大手笔,以及20世纪大部分时间内为改革家们拥戴的有用史学(engaged historiography)。笔者以此为起点说明长时段历史研究的兴起过程,而对长时段的消退和回归将在以后各章详述。

* * * * *

历史的长时段视野与政策的制定以及公众对未来的探问息息相关,这一绵延已久的历史动机还将持续发挥作用。如同此前的阿尔弗雷德·马汉一样,20世纪60至70年代的史学家也在政策的制定者中间找到了听众。而且,这一点也成为普及历史的理由。确切地说,至少有一门历史学的重要分支学科——军事史——使得史学家们在各式各样的陆军、海军院校扎下了根,他们被招募来给未来的将军们讲授战略与国际关系。[21]就这样,军事史在短期主义甚嚣尘上的世界俨然成为了长时段史的最后少许几个基地之一。[22]普通读者虽然也关注未来,却可以踟蹰于人物传记或著名战役的精彩细节,但将军和战略家们却不能失却往往要几个世纪才能充分展开的大的历史变革图景。故此,18世纪的军事著作伴随战略家们设想的多种可能性率先开启了反事实思维,而1836年问世的史上最早的一本反事实推理小说也是关于拿破仑与"征服世界"的,这绝不是巧合。[23]

改革家和革命者也必须放眼大的历史图景。历史上,一代又一代锐意政治改革的人都要重新回顾历史,有些激进者正是在别样思路和反事实思维中找到了有关民主、种族和财产所有权等机制的新的革命观念的。20世纪世界各地的史学家继承了卡尔·马克思的传统,特别热衷探讨国家政权、官僚体制和民众运动流变的性质,并从长时段对历史发展的大势做出大胆的预测。其中,最为后顾前瞻的史学家关注的是经济不平等和国家的作用问题。马克思有关阶级斗争的历史理论为世人所熟知,但人们似乎忘记了马克思之后的众多史学家同样主张历史上的不平等乃驱使改革家改造政

21

府、调整经济体制的动力所在，因为先前的体制几乎不给穷困者提供任何机会。比如，19世纪激进的国家社会主义设计师西德尼（Sidney）和比阿特丽丝·韦伯（Beatrice Webb）夫妇就是因试图改变体制而进行历史研究的，他们夫妇二人撰写了11卷本的英国政治史，书中历数英国漫长历史上的各种制度并加以评述以作为未来改革的参照路标。作者认为，自都铎王朝迄19　22世纪前后，英国的政治制度在体恤穷困者和道路的选择方面存在历史的连续性，而一旦步入资本主义制度，这种贫富之间的关爱就被彻底抛弃了。[24]这部多卷本的大作史料甚丰，原始文献和二手评述都不予遗漏，以至数十年之后美国史学家格特鲁德·希梅尔法布（Gertrude Himmelfarb）仍对此赞叹不已，并发问"他们哪里来的时间参加那么多的集会呢"？韦伯夫妇的著述深刻影响了费边社会主义者有关政治教育和政治运动的立场，不止在英国，而且远播世界。[25]

这一历史规划为解读政府治理提供了一幅蓝图，对当时正飞速发展的英国而言可谓恰逢其时。在韦伯夫妇看来，历史昭告世人，不同阶级之间相互负责任乃道德社会演进的恒道，但每一代人又必须重新规划约束相关各方的制度，而重新规划常采取渐趋扩大的地方实体相互合作的方式，其结果是政府整体亦呈不断扩大之势，先是从地方政府到区域政府，然后是国家政府、国际政府，民主的福祉在此过程中从孤立的小地方传遍整个世界。

韦伯夫妇的政治思辨，如同时代众多思想者一样，乃基于其对历史变革的深刻理解。孔德、斯宾塞、达尔文的进步主义思想让他们看到了进化在制度、文化和有机组织历史演进中的重要作用，而蒙森（Theodor Mommsen）、梅因（Henry Maine）、麦克伦南（John Ferguson McLennan）的法学思想让他们认识到不同利益集团为争夺权力展开无法调和的殊死搏斗的历史现实，认识到一代代的改革者如何改变了法律本身，废除了奴隶制度，废止了绑架新娘、弑女婴等习俗。[26]除上述规范性的历史理解之外，西德尼·韦伯还将他对社会运动和道德觉醒的历史理解加入其中，并称之为政治生活的"有机变革"(organic changes)。[27]根据这种史观,理解历史不止有助于预测未来,更是做出社会治理的道德决定不可或缺的前提条件。

23　　正是在这种历史观的驱使下,韦伯夫妇一边做历史研究,一边积极地参与当时的政治生活。夫妇二人散发传单、参加竞选、与其他费边社会主义者一道呼吁激进的改革,如为伦敦的贫困家庭免费提供净化水。西德尼·韦伯先是担任代表锡厄姆区的下院议员,继而又进入上院,并在拉姆齐·麦克唐纳(Ramsay MacDonald)第二届工党政府中担任贸易大臣和殖民地大臣。西德尼·韦伯最有影响的事迹恐怕要算他所提出的"伦敦改造方案"(London Programme),呼吁政府对伦敦市的住宅、交通和供水进行全方位、全覆盖的整体设计和改造,而今这一切被理所当然地视为现代城市设施的一部分。[28]韦伯夫妇及其友人在当时说服伦敦人:城市供水如果仅是满足少数人的需求,那么这座城市根本无法正常运转。他们的见解既是出于道德的考虑,又是深谙历史的结果。[29]

　　到了20世纪,长时段(更多的时候不用这个称谓)业已成为服务改革、改写历史的一种经典工具。上述韦伯夫妇的目标虽只是改造市政或国家政府,但他们的成功却鼓舞了其他史学家,而后者的目标也更宏大。R.H.托尼(Richard Henry Tawney,1880—1962)本是研究英国近代早期农民生活史的史学家,后来竟成为西方与中国学术交流的一座桥梁。托尼最初研究的是15世纪注重出口的牧民与更看重维持生计的农民之间的斗争,但到了20世纪20年代,他已经开始思考争夺农田实为全球各国贫苦农民必须面对的共同遭遇。凭借自己对经济史的深入理解,托尼提出,现代人反抗地主的斗争实有先例,如在资本主义开始发达的时期和各国纷纷实行土地改革的时期。[30]

　　事实上,托尼的事迹可谓那一代善于长时段思考并积极投身社会活动的史学家的一个缩影。1931年,托尼受太平洋国际学会(Institute of Pacific Relations)的派遣来到中国,在此期间,他书写了一部中国农业史的书稿;说来很怪,这部书稿与他书写的英国农业史颇多隼合之处,都是农民斗地主构成历史的终极支点,都表明合理的土地改革乃迫在眉睫。[31]由于托尼的历史论证与劳合·乔治(David Lloyd George,1863—1945)时代英国的"人民预算"(People's Budget)和土地改革有颇多契合之处,便借此东风在全世界被广为传扬。就这样,一种围绕土地改革的阶级斗争的普世真理——经过长时段历史的叙说、马克思及美国政治经济学家、土地税改革家亨利·乔治(Henry George,1839—1897)的滤镜处理——被用来界说各式各样的民族传统语境,其真理性显然屡试不爽,其真理的地位也愈发确定不移。这类史学应用与布罗代尔后来批判的同时代过度现世主义、对当权者不加批评、对根本的历史因果问题闪烁其词的做法颇有不同。长时段史是认识现代制度、认清乌托邦规划的本质、探索可行的社会大变革的一种工具。

　　长时段对那些无意体制改革却锐意政治变革的学者有相当的吸引力。艾瑞克·霍布斯鲍姆(Eric Hobsbawm)20世纪50至60年代的许多作品均探讨世界各地对农民土地的剥夺、马克思主义运动的兴起、擅自占用房屋或土地、无政府主义的旅行家等课题,用作者自己的话说,所有这些都属于"原始的反叛者"(primitive rebels),可谓源远流长。当时有人认为,这种毫无组织的群体——无论是美国学生非暴力协调委员会,还是阿尔及利亚或巴勒斯坦或古巴的后殖民运动——都注定要走向失败(historical failures),因为它们完全不像马克思主义群体一样有组织、有纪律。霍布斯鲍姆对这种观点予以了批驳,并主张,凡自发的群众运动——要求让更多的人享有民主的权利,或批评资本主义的种种局限性——其实自近代早期以来便昭示着革命形势的到来,其直接发端自民众的常识,而不是某个既有的政党或信条。此语也就等于说,战后的群众运动也是一样,无论运动本身是否有某种宪法依据,美国式的、苏联式的或欧洲式的。[32]

　　直至20世纪七八十年代,霍布斯鲍姆一直坚守政治变革的长时段理论,呼吁世人将历史视作述往示今的一种解放力量。他非常赞许刘易斯·

24

芒福德(Lewis Mumford)等书写城市拆迁改造的历史,尤其是后者将维多利亚时代强拆贫民窟与高速公路时代强拆贫民窟进行对比的做法。与此同时,霍布斯鲍姆还极力主张历史不该用还原主义的叙事取悦政治,比如有些保守主义运动的参与者就天真地幻想远古曾有过一个道德完满的时代。[33]

25 　　以历史规谏同时代的政治,如上述托尼、韦伯夫妇和霍布斯鲍姆所为,其实一点儿也不稀奇。改造民族国家的历史,既为人们提供了一种新归属的憧憬,又便利改革以实现进步主义的政治目标,这种做法在当时可谓在全世界遍地开花。仅在美国,就有查尔斯·比尔德(Charles Beard)、老阿瑟·施莱辛格(Arthur Schlesinger, Sr)等以长时段视角审视美国认同的多种历史,他们不以种族中心(racial centrality)而以种族多元(racial pluralism)为线索重新思考美利坚的意味。不过,与改革和左翼政治批判联系紧密的史学家群体,最出名的要数20世纪50年代的威斯康星大学历史系了,在此,默尔·柯蒂(Merle Curti)书写了大量长时段的历史作品,如有关非暴力不合作、争取和平和追求民主的运动。[34]

　　在英国,激进史学家试图站在穷苦人的立场重新思考城市规划的重要性,参照的是欧洲近代早期从农民手中强夺土地的史实。也有史学家从事政治改革模式的研究,以为未来改革提供启示。在约翰与芭芭拉·哈蒙德夫妇(John Hammond, 1872—1949; Barbara Hammond, 1873—1961)、霍斯金斯(W.G.Hoskins, 1908—1992)、莫里斯·贝雷斯福德(Maurice Beresford, 1920—2005)、卡尔·波兰尼(Karl Polanyi, 1886—1964)等史学家看来,资本主义的原罪需要修正,他们基于对过去的理解,建议向穷人提供社会福利和卫生保健,修建更多的公园和经济住宅,因为当初资本主义从穷人手里夺走了这些生活必需品,那么现在的政府就有必要重新为穷人提供。[35]

　　在后殖民世界,尤其是在1920年至1960年之间,回顾历史同样构成前瞻未来的前提条件。其中较突出的,如詹姆斯(C.L.R. James, 1901—1989)

和萨瓦卡(V.D. Savarkar, 1883—1966)等就曾书写出新的国民史,其中钩沉既往的多次反抗、失败,但最终赢得国家独立并提出朝向平等的改革目标,比如视土地是否被重新平均分配为衡量上述目标是否得以实现的标准。在加纳和德里,甚至总理也要钻研历史[特立尼达和多巴哥的情况是史学家—— 即埃里克·威廉姆斯(Eric Williams)——当上了总理],因为深谙历史有助于找准未来的发展方向并给新兴国家的领导者带来自信心,他们一方面要建立一种与西方传统相一致的宪政的连续性,而另一方面又必须照顾到自身民族的独特传统和数世纪以来不间断的民族解放斗争。[36]

史学家当然不是唯一一群后顾前瞻的人。政治理论家们,如汉娜·阿伦特(Hannah Arendt)和尤尔根·哈贝马斯(Jürgen Habermas),也须从长时段的历史中积累证据,以充实新生的民主理论。[37]刘易斯·芒福德原本是位负责城市规划报道的记者,但要说明州际公路互通时代城市不断扩张或贫民窟被不断拆除的危害,就须把自己重新装扮成一位视野宏阔的史学家,以维多利亚时代强拆贫民窟和进步主义运动的历史阐发当代政治。芒福德的宏观经济学概论,尤其是《技术与文明》一书,涵括完整的工业化和机械化理论、工人阶级的孤立化、时间规制(time discipline)等,其中时间规制先于福柯(Michel Foucault,1926—1984)和汤普森(E.P. Thompson,1924—1993)颇有影响的相关理论数十年。[38]

上述史学家都是以个体的洞察力察古通今识未,他们当然希望这种洞察能够代表更大的群体、更接近可能的真相并直接影响到政策的制定。查尔斯·比尔德和老阿瑟·施莱辛格编写的教材在美国是通行全国的教材且都出过多版。[39]芒福德出版的作品更是数以百计,其中有不少短小精悍的文章发表在诸如《新共和》、《纽约客》及《哈泼斯杂志》等杂志上,他也因此成为美国有关种族和城市拆迁大辩论中的一位主要人物,他反对罗伯特·摩西(Robert Moses)提出的在纽约市强拆贫民窟的政策,他的主张也为以简·雅各布斯(Jane Jacobs)为代表的行动主义提供了思想框架。[40]

26

诸如此类的辩论使从事专业研究的史学家认识到,他们工作性质的一部分至少是为公务员和社会科学家群体写作,后者会因此从史学的长时段叙事中获取公共改革的素材。从 20 世纪 30 年代的托尼直至 80 年代,无论在西方还是在印度,研究土地问题的专业史学家都试图在长时段中寻找改革的素材并提出有关制度主体和公共目标之类的大问题,他们的学术作品事实上构成了专业史学与国际治理机构之间的对话,其视野动辄数百年之久,但其研读的历史文献、事件和人物却又具体入微,同时大量借鉴其他相关学科的研究成果。对 20 世纪 50、60 年代成长起来的学者而言,长时段历史俨然是规劝政府官员、协助政策制定的一种工具。

当时专业史学家对政策制定的影响程度——无论是通过与政府官员合作还是通过参与群众运动——鲜有当今的史学家所能匹敌。小阿瑟·施莱
27 辛格(Arthur Schlesinger, Jr)在政策问题上与美国总统约翰·肯尼迪(John Fitzgerald Kennedy)保持密切沟通。威廉·亚伯曼·威廉斯(William Appleman Williams)在美国国际关系史方面著述颇丰,因而以长时段历史视角对美国在冷战时期的种种举措提出批评,他把相关意见发表在《国家》杂志或单独的文集中并呼吁美国人民行动起来加以抵制,这些短文的读者甚众,赞誉者颇有人在,但学界却是一片嘘声。(他还曾拒绝在肯尼迪政府中任职。)[41]

国际发展机构也努力从历史中寻求通往自由、独立、经济发展和国与国之间和平友善的路标。例如,约翰·博伊德·奥尔(John Boyd Orr)是联合国粮食及农业组织(FAO)的发起人和第一任总干事,他最初先写了一部回顾人类遭受饥饿的史书,始于尤利乌斯·恺撒(Julius Caesar)征服不列颠,终于 1920 年英国颁布的《农业法》带来农工地主关系的改善。[42]到了 20 世纪 60 年代,包括戴维·兰德斯(David Landes)在内的经济史学家更新了工业革命史的框架以支持绿色革命时代的发展策略,即未来世界要物质丰富,必须有不断的创新作保障。[43]20 世纪 70 年代的土改专家——如农业经济

学家埃利亚斯·图马(Elias Tuma)和英国地理学家鲁塞尔·金(Prussell King)——也转向长时段的历史，他们在为国际政策机构提供咨询时会综合史家的说法，从古罗马时代讲起，中经农业帝国时代农民为争夺土地使用权而进行的长达数世纪的斗争，再到当前的土地改革。[44]

　　说到参考土地政策的长时段历史，相关著述可谓繁多。当时联合国的奠基者们热衷讨论该采取何种方式干预全球南方穷国的发展以最终实现世界的和平和秩序，亨利·乔治(Henry George)在大西洋两岸的众多追随者也开始转向长时段历史并提出一套历史理论，即：地主垄断土地是现代历史上最大的罪恶，要破除地主垄断土地，必须实行土地民有(popular ownership of land)。乔治主义史学于20世纪40至50年代问世，旋即创立一套自托马斯·杰斐逊(Thomas Jefferson)肇始的美国农业传统的历史叙事。乔治主义史学家竭力塑造地主强占、滥用土地所有权的形象，因此民粹主义政府就有必要强力遏止这种对土地的抢夺和滥用。艾尔弗雷德·N.钱德勒(Alfred Noblit Chandler)1945年出版的《土地所有权的由来：暴力与欺骗》就是按这种思路写成的，书中历数资本家的权势如何胜过了土地并将问题追溯至乔治同时代的铁路大亨们，后者控制着美国州政府出资兴建的大学，这些大学也被称作根据1862年颁布的《莫雷尔法案》(the Morrill Act)兴建的"赠地学院"("land-grant" colleges)。[45]同样，亚伦·萨科尔斯基(Aaron Sakolski)出版的《美国的土地使用权与土地税收》(1957)，试图以美国的物权法和连续不断的补充修正案为基础书写一部其背后的思想史，其中参与土地产权讨论的有亨利·梅因(Henry Maine)、菲斯泰尔·德·古朗士(Numa Denis Fustel de Coulanges)、梅特兰(F. W. Maitland)、保罗·维诺格拉多夫(Paul Vinogradoff)、马克斯·韦伯(Max Weber)和盖格(G. R. Geiger)。[46]从根本上说，作者认为，有关土地权的任何主张实为一种正义观的彰显，而正义的核心是一系列精神的和宗教的价值观，鉴于此，享有土地的权益实乃"人皆有价值、不论贫富"观念的直接反映。萨科尔斯基这样写道："早期基督教的

28

教父们秉持古希伯来人的传统,其正义观及相关的土地所有权观念均源于此。"[47]一路追溯到《圣经》时代,反对以土地所有权为依托而从事的资本积累就有其道德先例,而今这种道德先例被重新包装,用以推进司法行动,既有国内的,又有国际层面的。

经典的长时段社会史家——如托尼——是凭其对制度、运动的深度历史把握告诫读者社会需要变革,而到了社会智囊和非政府组织手里,这一传统陷入了我们称之为"肮脏的长时段"(dirty *longue durée*)做法。借用这种肮脏的长时段,非历史学家排列出一系列业已贫困的历史证据而后得出某种极其宽泛的历史进步的结论,这类学者很少注明二手文献来源或此前学者对该历史时段或事件的研究结果,他们往往把马克思主义者或其他左派思想家的言说一笔勾销,而代之以一种与自由市场思维、技术进步信念、西方人聪明才智足以保障未来世界丰衣足食有某种模糊契合的历史解读。肮脏的长时段当然也有更早的先例,常与通俗的历史读物相伴而行,至少可追溯到查尔斯·杜平(Charles Dupin, 1784—1873)的《大不列颠的商业帝国》(1825)和19世纪50年代颇为风行的技术史著作。[48]

29

历史可以用来推进某种政治观点,这并不是什么新鲜事。不过要催生一种新的历史体裁,却必须有政治和制度条件的契合。在战后的美国,伴随其霸权范围的拓展以及包括联合国和世界银行在内的跨国治理机构的建立,人们开始对长时段的历史产生广泛需求,因为他们要管理诸如饥荒、贫困、干旱、暴政之类的大问题。但由于婴儿潮时期出生的史学家后来选择从事种族和阶级的微观史研究而不再直面上述大问题,长时段的历史遂成为未经史学训练的其他专业学者的领地,比如有些是罗马俱乐部(the Club of Rome)或兰德公司(Rand Corporation)雇用的人口统计学家和经济学家,有些本是心理学家、生物学家、自封的未来学家或历史的业余爱好者,他们在所谓"人口爆炸"和"增长的极限"时代致力于知识普及工作。[49]肮脏的长时段因此呈繁荣局面,但专业史学家却并未加入其中。

不过,国际治理对宏大历史叙事的需求终于造成了异乎寻常的宏大历史综合。人们渴求对历史的理解,甚至是凭借历史数据生发的某种理性跃迁和高度抽象。在满足上述需求的过程中,最不可思议的主张来自赫尔曼·卡恩(Herman Kahn),这位由物理学家转变过来的系统理论家和未来学家,声称通过检验世界历史的长期趋势便可以解决资源使用、环境灾难和消费过度等大问题。卡恩与其合作者依据历史数据制成了自公元前 8 000 年以来的人口增长与未来技术进步及控制人口增长线形图,并得出结论说,后工业世界是一个"物质财富不断增加"的世界。[50]

* * * * *

在介绍了早期长时段历史书写和其后面向未来的史学努力之后,这里还有必要概括地说明一下历史何以有助于我们对未来展开思考,尤其是考虑到我们上述有关公共未来的具体目标。历史有益人类的思考可谓是源远流长:有些来自古代的神学和政治哲学,一般采取伟人传记的形式以教导未来的领袖;而有些——如马克思主义——则直陈历史的功用乃在于服务劳苦大众的奋斗和抗争。所有这些传统对我们都富有启迪,比如:坚持自由意志就使得命运不再那么确定;证明反事实思维有力量便能说明当下制度、价值和技术并非不可避免;而乌托邦的历史传统总能昭示未来有一个比当下更加美好的世界。

历史知识对所有的人都有所帮助,无论是作为机构的一员,还是教育改革家,抑或是为传统上失势无声的弱者抗争的激进者,因为历史能够让人反思自身可能的选择。以下是笔者对此提出的几点建议。笔者认为,回顾历史、畅想未来不应该只是专家分内的事,无论是国际关系、经济学还是气候科学方面的专家;相反,凡有能力阅读史书、有意愿谈论历史的人,重塑未来定然是他们所关心的,也是他们理当再度有所贡献的事业。在此基础之上,笔者愿提出三种历史思维的思路,关乎公共,植根道德,旨在塑造人类共有

30

的未来。当然,这些思路完全是从实际出发,而要探讨的却是命运与自由意志、反事实思维的力量、乌托邦思想这三个大问题。

凝思命运与自由意志

社会如何变更其道而不必担心崩溃? 不是在谈"改革"吗? 但除了一大堆原始数据、抽象模型之外,难道个人要起而重塑人类文明就没有别的办法了吗? 人类文明正走向资源枯竭,空气和水正被毒化,我们能回转身走一条资源支撑的可持续发展之路吗? 或者是经济学的铁律注定只有少数人能够生存下去而大多数人只能走向绝望?

气候科学和经济学为人类描绘了一幅惨淡的世界未来图景,且舍此无他途,鉴于此,历史学的功用必然在一方面确认造成气候变化的责任方和数据,而另一方面却要指出除此之外的可能的发展方向:某种未经检视的乌托邦小径? 另类的农业? 不同的消费模式? 这些可能的发展方向其实在某些地方一直在被人践行。正如文化地理学家麦克·休姆(Mike Hulme)所言,在众多有关气候变化的讨论中,"人被描绘成'不会说话的农夫'一样的怪物,被动地等待气候变迁的厄运降临。人可能的作为被放到了脚注里,变化着的文化规范和实践被隐藏起来,人类想象力的创造性潜能被彻底忽视了"[51]。在气候变化、进化人类学和经济学的描绘中,人仿佛是一坨自私的 DNA 基因的被动受害者,基因决定了人必然有贪欲、必然要剥削,但历史学和人类学却要提醒世人:除此之外,我们还有各式各样的价值观、各式各样的互助行为。

说到这类问题,气候科学已经到了重新寻找可能的未来出路的边缘。在上一个十年有关气候变化的讨论中,如澳大利亚环境史学家利比·罗宾(Libby Robin)所言,已经有人提出了"过去的变革对当今时代愈发强烈的影响"问题。[52]也就是说,气候科学家和政策制定者在"谁是肇始者"(original causes)问题上发生了严重分歧,因为是"肇始者"开启了后来的发展格局,而在此之后才有可能确定主因和次因。为澄清长时段的变化,无论是有关气候还是有关政体,学者都必须考察多个层面、动因、时段、事件及其彼此之间的复杂关联,其实这也是史学的强项之一。这就意味着,环境科学有望进入专业史学的领地,如果说目前还没有真正进入的话。如果我们要弄清长期可持续发展的道理,我们必须回顾历史。在我们之前曾有过数以千计的不同文明对层级式的体制表示质疑,而且很多时候是成功的。因此,了解历史,我们便可知自己未来在多大程度上享有自由意志。

反事实思维

　　在谈论可持续经济发展时,我们通常很关心"可逆性"问题:假如我们抛弃了蒸汽机,我们是否就能够沿着气候变迁之路向回转呢?仅靠风力舰船和高效铁路运输的维多利亚时代经济能支撑这个世界吗?我们还要思考一下:再回到牛耕田的时代是否就可以发展成可持续的农业生态呢?假如回到过去便可以拯救我们的地球,那我们究竟要往回走多远呢?经济学家们往往列举一大堆历史上人类的过失,但经济运行若遵照另类原则——而不是21世纪美国的经济发展原则,那这样的经济还能稳步增长吗?玻利维亚之类的社会实行供水保护或称供水国有化,这样的社会有能力和私人利益支配的自由贸易世界竞争吗?19世纪的科层官僚体系即便效率再高、国有化程度更甚,就堪与当今的全球化经济体相媲美吗?如果我们要探问当今种种不满的源头,那么我们要回到什么时代才能既保住海洋又能为穷苦人提供足够的食物和用水呢?

　　诸如此类的问题绝非可持续发展时代闲极无聊的发问。正相反,科学

32

家们对这类反事实的历史颇有耐心,并试图从中找到一条可能的前行路径。比如,遗传学家维斯·杰克逊(Wes Jackson)和他在堪萨斯的土地研究所在过去的三十年里一直致力研究可持续和负责任的农耕原理。[53]反思通向未来的可持续农业发展之路,杰克逊撰文称,曾在土地研究所从事研究的数学家仔细考察了农业商品网络扩展的全过程,发现与此相伴还存在一个反事实思维扩展的周期。例如,针对农场引入拖拉机耕作,便有如下的反事实提问:假如没有国家修建的高速公路,那么上哪里去搞到拖拉机所需的螺丝呢?假如没有飞机的空中运输联结各地的厂商,那么拖拉机怎么能够建造出来呢?拖拉机耕作在后碳世界还会继续存在吗?

在此,科学家们直接将此类问题应用到后碳危机时代可行的农耕形式研究之中,因为在未来的世界里,气候、交通运输和供应链的变化将愈发频仍。科学家们的这种探讨方式是史学家们特别熟悉的:反事实逻辑。假如拿破仑没有在滑铁卢战役中失利,或第一次世界大战爆发的条件根本就没有形成,那么历史将会如何展开呢?史学家们面对此类问题时的思虑便属于反事实思维。反事实思维有时简单如游戏——如伏尔泰(Voltaire)曾戏问:如果克莉奥帕特拉(Cleopatra)的鼻子再短一些,整个世界的历史是否要改写呢?但历史思维中的因果关系以及与此直接相关的历史责任问题都是反事实思维的结果。[54]在可持续发展时代,每一个人都须从事反事实思维,因为这种形式的历史思维对试图建造一种不会带来气候变化的拖拉机的发明家和企业家,对试图设计可持续发展世界农耕技术的遗传学家,均可谓不可或缺。

就这样,在公共场合和公开发布的著述中,从事可持续发展研究的专家们不自觉地成为了史学家。气候科学家和政策专家关注的问题本质上属于断代问题、事件的作用或影响问题和因果关系问题,而这些都是历史哲学的问题。当今世界,越来越多的人期待着历史能够廓清世界发展变化的本质。假如保护地球的职责要求我们人类放弃经济繁荣,我们该如何作答呢?[55]

这一思路意味着人类必须有一套不同于支配当下企事业运行的理论工具。此外，可持续发展要求我们摆脱诸如"改善"、"发展"、"增长"等现代资本主义自过去两个世纪的历史发展中继承而来的既有语汇的支配力，即便当今所有经济学家对"成功"的界定都无不浸润着这几个核心观念的内涵。[56]

同理，历史案例的梳理能够帮助我们认清从何时起政策的制定者不再顾虑世界的可持续发展问题。保罗·汤普森(Paul Thompson)追溯20世纪八九十年代国际大财团有关可持续发展政策制定的历程，发现1987年联合国环境特别委员会或称布伦特兰委员会提交的报告《我们共同的未来》是一个关键事件，该报告界定了美国政府对这一问题的立场，称全球南方已陷入"囚徒困境"(prisoner's dilemma)，并提出，鉴于印度和中国对全球气候变迁问题的立场不明确，美国不应主动行事。[57]那些真正有志摆脱这一全球困境的政策制定者或企业家对来自科学界的警告言听计从，他们由此类的历史叙述中同时洞悉了一代又一代的坏政策是如何地混淆视听、败坏了公共话语。不摆脱这种认知上的障碍——肃清阳奉阴违的"绿饰"(greenwashing)套词，挣脱"囚徒困境"，认清所谓可持续发展并不一定为地球和人类带来福音，甚至不一定带来繁荣——挽救气候变化的行动几乎不可能有什么实际的进展。

34

了解了上述事件、机构和话语，有关人类行为可能未来的思路又变宽了。因此，这类故事对我们这个时代而言就显得弥足珍重，因为故事说明了叙事史对清晰地思考未来是多么地重要，并同时提出我们这个时代最需要哪种历史叙事的重要问题。

乌托邦畅想

很少有历史学家致力记述上述另类的可能性，这是因为微观史成为了史学的主流,而后者只做当事者的记录,而不是另类的乌托邦。

长时段乌托邦传统可谓源远流长、丰富多彩。刘易斯·芒福德1922年出版的《乌托邦的故事》对自15世纪托马斯·莫尔(Sir Thomas More,1478—1535)至19世纪虚构作家亨利·赖德·哈格德(H. Rider Haggard,1856—1925)的乌托邦历史进行了阐述。当然,乌托邦的历史还可以向前追溯到柏拉图、向后延伸至当代众多的科幻作品。芒福德认为,乌托邦作品既有清醒的推理,又有荒诞的想象,但都对城市改革的思想起到了推波助澜的作用,甚至成为19世纪末期城市规划的主要思想来源。[58]后来,维斯·杰克逊的《重生的农业》(1980)一书更是提出了自古代世界经超验主义至现代土壤科学的一套整体叙事线索,作者警告世人:时下的农业正在脱离自然的循环,其后果是非常严重的;而正是在屡屡失败的基础上,才诞生了方兴未艾的工厂化农场经营和自上而下的管理体制,此后又有了作为另类的有机农业运动。[59]这一叙事还呈现了当今社会面对种种生态问题而不得不开启的体制或机构之间的斗争:无可辩驳的气候变化的力量像幽灵一般向我们自私的基因开战,这种力量与脱氧核糖核酸(DNA)的构造势不两立,一下子把气候变化和可持续发展问题推到了人类机构体制面前,我们唯一所能做的就是改革我们的社会和政治体制。

因此在我们这个时代,能够构建一种改革传统以发展可持续的农业、应对气候变化就变得异常重要,当然这一传统肯定要超越时下流行的专业经济学或气候科学的范畴。对20世纪八九十年代诚心面对绿色革命的科学家而言,萌生自科学史的新的长时段的父权制史和生态史特别具有启发意义;持不同意见的科学家们更重新梳理了自弗朗西斯·培根(Francis Bacon)至现代工厂化农场经营的历史,其中观点虽纷繁杂沓,但都围绕着有机农业的未来。最近在澳大利亚,更有长时段史中乌托邦传统复兴的迹象,学者们纷纷呼吁设立一种由国家扶持的有关永续栽培的研究项目,而事实上,由于水资源的限制,澳大利亚早在20世纪30年代便开始了自上而下的旨在发展另类农业的立法和科研。[60]这里的另类农业在三十年前便已开花结果,而今更是发展成条理齐备、足以支持当地精耕细作的可持续发展农业的另类科研机构。更令人欣喜的是,这里的农耕模式在条件和体制上稍加改造,便可以推广到世界各地。

　　这里所说的另类农业措施只是在工业化农业和当地政府文献中稍加开掘便唾手可得的一些案例。但更为常见的是挖掘历史上的思想观念,以说明当代持不同政见的环保主义者其实有更为久远的历史传统。从地方农业的长时段历史看来,那种警醒他方农业中存在威胁和风险的事例几乎随处可见。有关另类资本主义的其他长时段研究还包括世界工合运动(worker-cooperative movement),既有其成功的一面,又有在外交政策中遭受压制的一面,但无论如何彰显了另类资本主义长时段历史中被人遗忘的往事片段,这种片段的往事对我们这个时代建设一个更加民主、更具可持续性的未来有颇多启示。[61]这种另类社会历史的传播激发了我们对另类可行的未来的想象。在与这类历史的对话中,既有的经济学和气候科学看到了历史上多样化的应对模式和未来的可能性。在深度历史的大背景下,有关深度未来的对话也再度成为可能。欲知这类对话如何可能,以及这类对话可能遭受的阻力,我们还需更多地了解20世纪末长时段历史的消退。

＊　＊　＊　＊　＊

　　长时段历史研究的模式不同于一般意义上的简明通史概述(long-term survey)。长时段历史须将历史发展的历程进行分段或分层处理(scaled),而不是像微观史那样深究个案、点到为止。为此,长时段历史研究者必须在既有微观史研究的基础之上审慎考察多个历史事件,然后确定某些事件为历史发展的节点或分水岭,即那些带来机构、气候和社会重大变迁的历史时刻。这种长时段的历史研究显然必须参考条分缕析的微观史个案研究成果,因为后者对短时期内社会权力的构架、分层状况和时人的想象力有更精微细致的探讨。

不过,对历史时间的细化区分过程早已有之。历史学教授在设定长时段历史教学大纲时,其实就是在构建历史时段。在历史院系,这种历史时段往往采取诸如"世界文明"或"美国历史,1750—1865"之类的命名。而在历史著作中,历史分段往往呈现貌似彼此互不相关、相互独立的章节形式。但无论采取何种形式,这其中都有一个刷新对历史节点的理解问题。早在1987年,威廉·麦克尼尔(William H. McNeill)就提出全球化的重要转折点发生在公元1000年前后,因为从那时起,世界的贸易路线呈现出某种深层次的新格局。[62]从那以后,世界史家开始多方比较、更细致地分析各式各样的历史时段划分问题,除了全球化,还有种族思维和种族主义、阶级意识、谋求和平、争取民主等不一而足。[63]这种对历史分水岭的更加细化的理解是建立在精微细致的微观史研究基础之上的。

事实上,近年来,历史学家们提出有关历史节点和时代数量有增无减且呈多样化的形态,对此,尤尔根·奥斯特哈默尔(Jürgen Osterhammel)猜测说,这表明"人们的时代感在稳步削弱"[64]。由于我们对时间的认知在改变,传统的一个时代接续另一个时代的横向历史年代(horizontal chronology)正在被"多重现代性"(multiple modernities)的拓扑流(topological flow)所取代,其间互有重叠、相互交织,展现出不同的因果力序,或用曼纽尔·德·兰达(Manuel De Landa)的话说,我们可以将其看作是同时都在变化的不同元素——如石、水、空气等,但有些元素比其他元素变化的速度要快一些。[65]既然史学是关乎时间的大图景叙事的天然仲裁者,那么史学面临的挑战就是重新书写气候变化和人世间不平等的历史——二者都曾是人类文明的梦魇,为此,我们有基于数据的更全面的知识,我们还能够依据事物的物质属性、构架和因果关系绘制出历史发展的重叠流动(overlapping flows)图。

长时段历史的论证对摒弃荒谬的神话、推翻错误的法则具有非同凡响的巨大力量。正因如此,而非一般意义上的好古,大学才会兴办历史院系,历史才会承担全方位的生活导师的古典使命。我们研究历史,当以摆脱历史上形成的诸种谬误、通今识未为己任,不然的话,旧有的谬误神话依然会支配我们的决策,延续我们既有的关系格局。

　　长时段历史让我们能够跳出民族国家史的藩篱,并进一步探问长时段——数十年,数世纪,甚至数千年——形成的复杂关系格局,只有这样分层断代,我们才有望真正理解当代世界种种不满的缘起和根由。我们当今称之为"全球的"问题通常被认为是局部问题的累加,后者不过是普世危机的一个组成部分,但事实上,这种累加本身——比如政治经济学或公共治理通常把局部危机看作是大的结构性危机个别事例——也是有问题的,因为这是在追求从更大的空间层次或背景理解当代人类面临的挑战。除了空间之外,我们同样需要从更长的历史时段审视上述挑战。有鉴于此,长时段确有一层道德追求的蕴涵。长时段研究要求学术界拷问彰显我们这个时代危机的知识生产本身,不只局限在人文学科,而是要拷问全球范围的知识生产体系。

【注释】

[1] Michel de Certeau, *The Writing of History*(trans.) Tom Conley(New York, 1988).

[2] Winston Churchill, toast to the Royal College of Physicians(2 March 1944): 'Prime Minister Among the Physicians', *The Lancet* 243(11 March 1944), 344; Peter Clarke, *Mr Churchill's Profession*: *Statesman*, *Orator*, *Writer*(London, 2012).

[3] 比如:Richard L. Bushman, *The Refinement of America*: *Persons*, *Houses*, *Cities*(New York, 1993); Norbert Elias, *The Civilizing Process*: *Sociogenetic and Psychogenetic Investigations*(trans.) Edmund Jephcott, rev. edn(Oxford, 2000).

[4] Quentin Skinner, 'Meaning and Understanding in the History of Ideas', *History and Theory* 8(1969), 3—53.

[5] Wilhelm Windelband, 'Rectorial Address, Strasbourg, 1894'(trans.) Guy Oakes, *History and Theory* 19(1980), 169—185.

[6] David Armitage, 'What's the Big Idea? Intellectual History and the Longue Durée', *History of European Ideas* 38(2012), 493—507.

[7] Fernand Braudel, 'History and the Social Sciences: The Longue Durée'(1958), in Brau-del, *On History*(trans.) Sarah Matthews(Chicago, 1982), 47.

[8] William H. Sewell, Jr, *Logics of History: Social Theory and Social Transformation* (Chicago, 2005).

[9] Fernand Braudel, 'Histoire et Sciences sociales. La longue durée', *Annales. Histoire, Sciences sociales* 13(1958), 725—753.

[10] Fernand Braudel, 'Préface'(1946), in La Méditerranée et le Monde méditerranéen à l'époque de Philippe II(Paris, 1949), xiii.

[11] 维托尔德·库拉马上对这一指控进行了回击,见 Witold Kula, 'Histoire et économie. Le longue durée', *Annales. Histoire, Sciences sociales* 15(1960), 294—313。

[12] Braudel, 'Histoire et Sciences sociales', 735, 751.

[13] See, for example, Eugène Garsonnet, *Histoire des locations perpétuelles et des baux à longue durée*(Paris, 1878); Victor Lemaitre, *Considérations sur la paralysie générale de longue durée*(Paris, 1879); Gaston Imbert, *Des mouvements de longue durée Kondratieff*, 3 vols.(Aix-en-Provence, 1956).

[14] Peter Burke, *The French Historical Revolution: The Annales School, 1929—1989*(Oxford, 1990), 33; Paule Braudel, 'Braudel en captivité', in Paul Carmignani(ed.), *Autour de F. Braudel*(Perpignan, 2001), 13—25; Peter Schöttler, 'Fernand Braudel als Kriegsgefangener in Deutschland', in Fernand Braudel, *Geschichte als Schlüssel zur Welt. Vorlesungen in Deutscher Kriegsgefangenschaft 1941*(ed.) Peter Schöttler(Stuttgart, 2013), 187—211. Braudel's lectures in the camps have been reconstructed as 'L'Histoire, mesure du monde'(1941—1944), in Fernand Braudel, *Les ambitions de l'Histoire*(ed.) Roselyne de Ayala and Paule Braudel(Paris, 1997), 13—83.

[15] Giuliana Gemelli, *Fernand Braudel e l'Europa universale*(Venice, 1990), 246—300; Maurice Aymard, 'La longue durée aujourd'hui. Bilan d'un demi-siècle(1958—2008)', in Diogo Ramada Curto, Eric R. Durssteller, Julius Kirshner, and Francesca Trivellato(eds.), *From Florence to the Mediterranean and Beyond: Essays in Honour of Anthony Molho*, 2 vols.(Florence, 2009), ii, 559—560(quoted).

[16] Fernand Braudel, 'Gaston Berger, 1896—1960', *Annales. Histoire, Sciences sociales* 16 (1961), 210—211; Gaston Berger, *Phénoménologie du temps et prospective*(Paris, 1964); Gemelli, *Fernand Braudel e l'Europa universale*, 301—362; Jenny Andersson, 'The Great Future Debate and the Struggle for the World', *American Historical Review* 117(2012), 1417—1418.

[17] Cicero, *De Oratore*, II.36: 'Historia vero testis temporum, lux veritatis, vita memoriae, magistra vitae, nuntia vetustatis, qua voce alia nisi oratoris immortalitati commendatur?' ("除了演说家的历史陈词之外哪里还有历史?! 历史是往昔的见证、真理的光亮、记忆的生命、生活的导师、远古的信使,历史把曾经的存在托付给永恒"。)

[18] John Burrow, *A History of Histories: Epics, Chronicles, Romances and Inquiries from Herodotus and Thucydides to the Twentieth Century*(London, 2007), 163—164.

[19] Burrow, *A History of Histories*, 366, 426; Deborah Wormell, *Sir John Seeley and the Uses of History*(Cambridge, 1980), ch.4, 'School of Statesmanship'.

[20] Alfred Thayer Mahan, *The Influence of Sea Power Upon History, 1660—1783*(Boston, 1890); Mark Russell Shulman, 'The Influence of Mahan upon Sea Power', *Reviews in*

American History 19(1991), 522—527.

[21] John Keegan, *The Face of Battle* (London, 1976); Peter Paret, Gordon A. Craig, and Felix Gilbert(eds.), *Makers of Modern Strategy: From Machiavelli to the Nuclear Age* (Princeton, nj, 1986); John Keegan, *A History of Warfare* (New York, 1993); Allan D. English(ed.), The Changing Face of War: Learning from History(Montreal, 1998); Azar Gat, *A History of Military Thought: From the Enlightenment to the Cold War* (Oxford, 2001); Jo Guldi, 'The Uses of Planning and the Decay of Strategy', *Contemporary Security Policy* 27(2006), 209—236; Williamson Murray, *War, Strategy, and Military Effectiveness* (Cambridge, 2011); Hew Strachan, *The Direction of War: Contemporary Strategy in Historical Perspective* (Cambridge, 2013).

[22] Williamson Murray and Richard Hart Sinnreich(eds.), *The Past as Prologue: The Importance of History to the Military Profession* (Cambridge, 2006).

[23] Louis Geoffroy, *Napoléon apocryphe, 1812—1832: histoire de la conquête du monde & de la monarchie universelle* (Paris, 1836); Catherine Gallagher, 'What Would Napoleon Do? Historical, Fictional, and Counterfactual Characters', *New Literary History* 42 (2011), 323—325.

[24] Sidney and Beatrice Webb, *English Local Government*, 11 vols. (London, 1906—1929).

[25] Gertrude Himmelfarb, 'The Intellectual in Politics: The Case of the Webbs', *Journal of Contemporary History* 6(1971), 3.

[26] Adam Kuper, 'The Rise and Fall of Maine's Patriarchal Society', in Alan Diamond(ed.), *The Victorian Achievement of Sir Henry Maine* (Cambridge, 1991), 100—110; C. Hill, 'Sidney Webb and the Common Good: 1887—1889', *History of Political Thought* 14 (1993), 591—622.

[27] Sidney Webb, 'The Basis of Socialism: Historic', in George Bernard Shaw(ed.), *Fabian Essays in Socialism* (1889)(London, 1948), 29, 32, 46—47.

[28] Sidney Webb, *The London Programme* (London, 1891); Asa Briggs, *Victorian Cities* (London, 1963), 350—352.

[29] John Broich, *London: Water and the Making of the Modern City* (Pittsburgh, 2013).

[30] R. H. Tawney, *The Agrarian Problem in the Sixteenth Century* (London, 1912).

[31] R. H. Tawney, *A Memorandum on Agriculture and Industry in China* (Honolulu, 1929); Tawney, *Land and Labour in China* (London, 1932); Lawrence Goldman, *The Life of R. H. Tawney: Socialism and History* (London, 2013), 147.

[32] E. J. Hobsbawm, *Labouring Men: Studies in the History of Labour* (London, 1965); Hobsbawm, *Primitive Rebels: Studies in Archaic Forms of Social Movement in the 19th and 20th Centuries* (London, 1965); Hobsbawm, *The Age of Revolution: Europe 1789—1848* (London, 1962).

[33] E. J. Hobsbawm, 'The Social Function of the Past: Some Questions', *Past & Present* 55 (1972), 3—17; Hobsbawm, *On History* (New York, 1997); Hobsbawm, *On the Edge of the New Century* (London, 2000); Hobsbawm, *On Empire: America, War, and Global Supremacy* (London, 2008); Gregory Elliott, *Hobsbawm: History and Politics* (London, 2010).

[34] Charles Beard, *American Government and Politics* (New York, 1910); Charles Beard and Mary Beard, *The Rise of American Civilization* (New York, 1928); Merle Curti, *The*

American Peace Crusade, *1815—1860* (Durham, NC, 1929); Curti, Peace or War: The American Struggle(New York, 1936).

[35] J.L.Hammond and Barbara Hammond, *The Village Labourer, 1760—1832: A Study in the Government of England before the Reform Bill* (London, 1911); Karl Polanyi, *The Great Transformation*(New York, 1944); W.G.Hoskins, *The Making of the English Landscape*(London, 1955); M.W.Beresford, *History on the Ground: Six Studies in Maps and Landscapes*(London, 1957).

[36] Jawaharlal Nehru, *Glimpses of World History*(Kitabistan, 1934); Vinayak Domodar Savarkar, *Six Glorious Epochs of Indian History*(Delhi, 1963); C.L.R.James, *State Capitalism and World Revolution* (Chicago, 1986); James, The Future in the Present (London, 1977).

[37] Hannah Arendt, *The Human Condition*(Chicago, 1958); Arendt, *The Origins of Totalitarianism*(New York, 1958); Arendt, *Between Past and Future: Six Exercises in Political Thought*(New York, 1961).

[38] Lewis Mumford, *The Story of Utopias*(New York, 1922); Mumford, *Technics and Civilization* (New York, 1934); Mumford, *The Culture of Cities* (New York, 1938); Thomas P.Hughes, *Lewis Mumford: Public Intellectual*(Oxford, 1990).

[39] Charles Beard, *American Government and Politics* (New York, 1910, and later edns); Arthur Schlesinger, Sr, *Political and Social History of the United States, 1829—1925* (New York, 1925, and later edns).

[40] For example, Lewis Mumford, 'The Intolerable City: Must It Keep on Growing?', *Harper's Magazine* 152(1926), 283—293; Mumford, 'Magnified Impotence', *New Republic* 49(22 December 1926), 138—140; Mumford, 'The Sky Line: Bigger Slums or Better City?', *The New Yorker* 26(24 June 1950), 78—84.

[41] William Appleman Williams, *The Tragedy of American Diplomacy*(New York, 1962); Kevin Mattson, *Intellectuals in Action: The Origins of the New Left and Radical Liberalism, 1945—1970*(University Park, PA, 2002), 147—151, 159.

[42] John Boyd Orr, *A Short History of British Agriculture*(London, 1922). 这本书不大为人所知,但奥尔有关制度带来农业革命的历史观点在此后的数十年被联合国各分支机构在全球范围予以了贯彻,奥尔本人也是联合国多个机构的创始人。

[43] David Landes, *The Unbound Prometheus: Technological Change and Industrial Development in Western Europe from 1750 to the Present* (London, 1969); William J. Ashworth, 'The British Industrial Revolution and the Ideological Revolution: Science, Neoliberalism and History', *History of Science*(2014): doi: 10.1177/0073275314529860.

[44] Elias H. Tuma, *Twenty-Six Centuries of Agrarian Reform: A Comparative Analysis* (Berkeley, 1965); Russell King, *Land Reform: A World Survey*(London, 1977).

[45] Alfred N.Chandler, *Land Title Origins: A Tale of Force and Fraud* (New York, 1945).

[46] George Raymond Geiger, *The Theory of the Land Question* (New York, 1936); Paolo Grossi, *An Alternative to Private Property: Collective Property in the Juridical Consciousness of the Nineteenth Century*(trans.) Lydia G.Cochrane(Chicago, 1981).

[47] Aaron M.Sakolski, *Land Tenure and Land Taxation in America* (New York, 1957), 13; compare Eric Nelson, *The Hebrew Republic: Jewish Sources and the Transformation of European Political Thought*(Cambridge, MA, 2010), 57—87.

[48] Charles Dupin, *The Commercial Power of Great Britain* (1824) (Eng. trans.), 2 vols. (London, 1825).

[49] 比如,可参阅 Paul R. Ehrlich, *The Population Bomb* (New York, 1968); Erich Fromm, *The Revolution of Hope: Toward a Humanized Technology* (New York, 1968); R. Buckminster Fuller, *Utopia or Oblivion: The Prospects for Humanity* (London, 1969); Alvin Toffler, *Future Shock* (New York, 1970); Norman Borlaug, *Mankind and Civilization at Another Crossroad* (Madison, WI, 1971); Herman Kahn and B. Bruce-Briggs, *Things to Come: Thinking about the Seventies and Eighties* (New York, 1972); George Leonard, *The Transformation: A Guide to the Inevitable Changes in Humankind* (New York, 1972); Donella Meadows et al., *The Limits to Growth: A Report for the Club of Rome's Project on the Predicament of Mankind* (New York, 1972); Adrian Berry, *The Next Ten Thousand Years: A Vision of Man's Future in the Universe* (New York, 1974); Mihajlo Mesarović and Eduard Pestel, *Mankind at the Turning Point: The Second Report to the Club of Rome* (New York, 1974); Herman Kahn, William Brown, and Leon Martel, *The Next 200 Years: A Scenario for America and the World* (New York, 1976); Wayne I. Boucher(ed.), *The Study of the Future: An Agenda for Research* (Washington, DC, 1977); Ervin László et al., *Goals for Mankind: A Report to the Club of Rome on the New Horizons of Global Community* (New York, 1977)。

[50] Herman Kahn, William Brown, and Leon Martel, *The Next 200 Years: A Scenario for America and the World* (New York, 1976); Paul Dragoş Aligică, *Prophecies of Doom and Scenarios of Progress: Herman Kahn, Julian Simon, and the Prospective Imagination* (New York, 2007); Andersson, 'The Great Future Debate and the Struggle for the World', 1416.

[51] Mike Hulme, 'Reducing the Future to Climate: A Story of Climate Determinism and Reductionism', *Osiris* 26(2011), 256.

[52] Libby Robin, 'Histories for Changing Times: Entering the Anthropocene?', *Australian Historical Studies* 44(2013), 333.

[53] Bill Vitek and Wes Jackson(eds.), *The Virtues of Ignorance: Complexity, Sustainability, and the Limits of Knowledge* (Lexington, KY, 2008); Wes Jackson, *Consulting the Genius of the Place: An Ecological Approach to a New Agriculture* (Berkeley, 2010).

[54] Niall Ferguson(ed.), *Virtual History: Alternatives and Counterfactuals* (London, 1997); Richard Evans, *Altered Pasts: Counterfactuals in History* (London, 2014).

[55] Humberto Llavador, John E. Roemer, and Joaquim Silvestre, 'A Dynamic Analysis of Human Welfare in a Warming Planet', *Journal of Public Economics* 95(2011), 1607—1620; Llavador, Roemer, and Silvestre, *Sustainability for a Warming Planet* (Cambridge, MA, 2015).

[56] Ted Steinberg, 'Can Capitalism Save the Planet? On the Origins of Green Liberalism', *Radical History Review* 107(2010), 7—24; Emma Rothschild, Paul Warde, and Alison Frank, 'Forum: The Idea of Sustainability', *Modern Intellectual History* 8(2011), 147—212; Joshua J. Yates, 'Abundance on Trial: The Cultural Significance of "Sustainability"', *The Hedgehog Review* 14(2012), 8—25.

[57] World Commission on Environment and Development, *Our Common Future* (New York, 1987); Paul B. Thompson, *The Agrarian Vision: Sustainability and Environmental*

Ethics(Lexington, KY, 2010), 197—200.

[58] Mumford, *The Story of Utopias*; Gregory Claeys, *Searching for Utopia: The History of an Idea* (London, 2011).

[59] Wes Jackson, *New Roots for Agriculture* (San Francisco, 1980).

[60] Martin Mulligan and Stuart Hill, *Ecological Pioneers: A Social History of Australian Ecological Thought and Action* (Cambridge, 2001), 195—200.

[61] L.C.Jain and Karen Coelho, *In the Wake of Freedom: India's Tryst with Cooperatives* (New Delhi, 1996); John Curl, 'The Cooperative Movement in Century 21', *Affinities: A Journal of Radical Theory, Culture, and Action* 4(2010), 12—29; John Restakis, *Humanizing the Economy: Co-operatives in the Age of Capital* (Philadelphia, 2010); John Curl, *For All the People* (Oakland, CA, 2012); John F.Wilson, Anthony Webster, and Rachael Vorberg-Rugh, *Building Co-operation: A Business History of the Co-operative Group, 1863—2013* (Oxford, 2013); Jessica Gordon Nembhard, *Collective Courage: A History of African American Cooperative Economic Thought and Practice* (University Park, PA, 2014).

[62] William H.McNeill, 'Organizing Concepts for World History', *World History Bulletin* 4 (1986—7), 1—4; Peter N.Stearns, 'Periodization in World History Teaching: Identifying the Big Changes', *The History Teacher* 20(1987), 561—580.

[63] William A.Green, 'Periodization in European and World History', *Journal of World History* 3(1992), 13—53; Jerry H.Bentley, 'Cross-Cultural Interaction and Periodization in World History', *American Historical Review* 101(1996), 749—770.

[64] Jürgen Osterhammel, *The Transformation of the World: A Global History of the Nineteenth Century* (Princeton, NJ, 2014), 48.同时参阅 Wolfgang Reinhard, 'The Idea of Early Modern History', in Michael Bentley (ed.), *Companion to Historiography* (London, 1997), 290; Penelope Corfield, *Time and the Shape of History* (New Haven, 2007), 134—138。

[65] Manuel De Landa, *A Thousand Years of Nonlinear History* (New York, 1997).

第二章　有一阵子,长时段消退了

一位历史专业的本科生放下手头的作业。她在网上浏览了几个小时, 然而她在网上看到的却令她忧心忡忡。其实,这一直是她心头的一个结,她不停地叩问自己:怎样才能使自己的所学与大学外面的世界挂钩呢?她设想自己是位改革家,外面世界的腐败、污染和不公平冲击着她内心的正义感。她该如何通晓变革的杠杆和力矩并向公众讲述其工作原理,然后发动一群志同道合、训练有素的同学共同地深入探讨呢?她从老师那里得到的答复却令人沮丧,简单说只有两个字:聚焦。聚焦她的研究问题,聚焦原始文献。她在许多门课上都听到这样的答复:大学的训练就是要用专业知识分析具体问题,而不是要回答她心目中想象的那些大问题。当然,学会研读、分析史料对提问和精确解答具体的学术问题不可或缺,但同学有时仍忍不住要问:什么时候才能问那些大问题呢?怎么提问呢?由谁提问呢?

在20世纪60年代末的牛津大学,历史系的同学们对历史问题及其与外在世界的相关性问题曾有过一段完全不同的经历。他们当然读到过巴黎工会罢工的消息,大学生们团结一致、众志成城。他们也读到过性革命和美国历史上最大规模的移民潮,读到过旧金山的嬉皮士露营聚会、尝试财产共有、致幻剂和群居。与此同时,艾瑞克・霍布斯鲍姆一类的长时段史学家发表了记述这一时代的反抗斗争史,据说,1968年的五月风暴与此前数世纪的历史运动有关。他们论证说,这段历史当然是有历史背景的,这就是此前几个世纪里的奴隶、工人和妇女参与其中的政治斗争,斗争教会了当下的人们通过公共集会发出自己的声音、提出自己的要求。[1]有许多大学生在读到巴黎的大罢工或布拉格之春之后前往加入其中,但也有一些学生选择了另外一条激进的道路:从历史中寻找答案。

有上述学生经历、后来成为史学家的就包括德国史学家杰夫·埃利(Geoff Eley),他在回忆录的第一行文字中坦陈"从年轻时起就在思考如何改变世界"[2]。如同当时的历史专业本科生一样,埃利也认为,要弄清当时兴起的各种运动的正当性和发展潜能,最好的办法是将其置入长时段的政治变革史当中加以考察。他当时毫不怀疑公众需要精通长时段历史变革的思想家,因为周围的世界每天都在变。大学生们白天读托尼和霍布斯鲍姆的书,晚上在电视里亲历革命,历史的变革迫在眉睫、不容置疑。对这一代人来说,要思考未来,最直接的资源是审视历史。但无论怎样界定这里所说的历史,无疑会缩窄自己的视野,或者说降低自己的雄心壮志。

20世纪70年代,埃利在萨塞克斯大学读博。在他专业史学生涯的这个阶段,他选择回答大问题的方法是专注一点、紧扣史料。他的博士论文考察德国海军史上的16个年头,最初撰写的期刊论文也不超过一二十年的时段,因为他集中钻研的史料是隶属德国军方的少数精英的文档,正是这些精英推动德国走上了民族主义道路,并在随后的几十年里建立了第三帝国。埃利遍览弗莱堡档案馆的社区文献和军事文献,搜寻上述精英彼此间的通信,查找他们有关政治组织、国家、民族及外交政策的言论。[3]埃利和同时代大多数历史学家的做法都是紧紧抓住一组档案,然后深挖细读,坚信这种对"短期历史"(Short Past)的解读有助于阐明当下的政治局面。

1968年及其后的数十年间,缩小历史研究的时段成了多数大学历史专业培养的主导模式。这种模式决定了人们如何研究历史、如何寻找素材、如何与同行进行学术对话，同时还决定了对话在哪里终止。不过，凡是革命就必须付出代价。从长时段历史转到短期历史就意味着越来越少的历史专业的学生接受到像艾瑞克·霍布斯鲍姆那样动辄数百年、跨大洲的长时段研究的训练。无论本科生、研究生还是教师，大多数历史专业的人受到的专业训练只是研究一个人生卒时限的原始资料，而不是那种跨代的有关机构体制萌生起伏的长时段研究。课堂教学中，老师总对学生讲，课题范围要小、论证用料要集中，因此史学专业的学生就学会了限定史料和数据的范围，有时也束缚住了自己的思想。 40

本章的事例大多取自讲英语的世界，但笔者相信，本章甚至本书的观点对讲其他语言地区的史学同样适用，即这一时期盛行的短期视野束缚住了大多数机构的境界。当然，在某些领域，长时段的历史视野从未走远，比如历史社会学或世界体系理论，[4]但在历史研究领域，与长时段相联系的费尔南·布罗代尔风格和法国年鉴派史学却很快消散了——繁荣了一阵儿，但旋即枯萎。取而代之的是史学中的短期主义。短期主义有一个激进的使命，那就是改造世界，但它有很多局限之处。

* * * * *

1968 年前后成长起来的史学家有一个远不同于此前一代长时段历史研究的取向。这一代人无论是学史还是治史著述，无论是作为思想家还是公共知识分子，都习惯在短期历史的框架下寻找素材，其短视程度堪称历史之最。法国南部或英国北部工运的无名档案让他们了解到普通工人是如何与管理层实现互动的，小组决议是如何、何时达成的，少数几个人何时并如何推翻了基于特权的落后的生产模式。通过限定研究范围，他们反倒享有了更多的以小见大的自由，常向公众发布权威的、富有见地的观点，让公众认识到诸如种族主义或民族主义之类的强大势力其实不过是人构建出来的，而不是某种人类思想注定要永久接受的天然的社会秩序。

41   短期历史的微观取向让杰夫·埃利之类的史学家得以拓宽反思德国政治的视野。埃利与他人合著的《德国历史的特色》(*The Peculiarities of German History*,1984)就是这样一部早熟的开创之作,借以破除流传已久的德国特殊道路(Sonderweg)的神话。[5]有时候,埃利也会刻意为公众写作,比如他发表在《伦敦书评》上讨论二战期间对犹太人实施大屠杀的文字,恰值布利克斯顿骚乱(Brixton Riots)之后不久,所以正切合撒切尔治下搅扰整个大不列颠的种族主义。[6]埃利及同道身处大学,都坚信学科——包括人文——知识乃从大尺度重思公民社会和国际秩序的重要工具。虽然埃利读研的萨塞克斯大学属红砖大学,校园里洋溢着现代主义和未来主义,但大学里人类学系、社会学系和经济学系的同仁们已经在为联合国和世界银行提供有关未来住房和民主方面的咨询,他们积极利用来自技术史学的最新成果重新构想国际援助项目和经济发展之路。他们深信必须推翻旧有的民族国家秩序,重新思考帝国覆灭后印度和非洲的未来,决心用技术和民主让所有的人摆脱贫困和种种社会不公。[7]在这类校园,确有很多人以史为鉴思考全球的未来。

      这一代人的强项正在其改造世界的雄心壮志,我们也正是从这一代人身上继承了为史以明今的诫命。杰夫·埃利学史之际,短期历史的使命在塑造公众话语并由此改造世界,当时的世界,动乱、革命和改革盘根错节,相互交织在一起。其实,历史学家与社会运动密切合作的传统早在西德尼和比阿特丽丝·韦伯夫妇、R.H.托尼在世的年代已经确立,到了20世纪六七十年代,美国外交史学家威廉·亚伯曼·威廉斯与全国有色人种协进会(NAACP)合作,在得克萨斯靠海的一座小城异常活跃,工人阶级史学家 E. P.汤普森先是在伦敦的和平集会上发表讲演,而后又发起了欧洲范围声势浩大的核裁军运动。[8]20世纪70年代,霍布斯鲍姆的关注点由革命转到了

42 人类发明传统的历史,由此,他联想到马萨达古战场的庆典与刚刚建立的当代以色列国在精神上乃一脉相承,而纳粹德国、加纳民族和墨西哥革命等新

近发明的传统也有相通之处。[9]伴随1968年前后新一代的史学家逐渐走向成熟,他们周围依然健在的老一辈史学家也同样颇为惬意地对当代政治事件和社会状况作出反应,以古鉴今。所以从历史来看,后顾以前瞻、博古以明今的做法着实古已有之、绝非新创。但在20世纪70年代,政治运动却扮演了弑父娶母的俄狄浦斯角色。

20世纪70年代正在长大成人的年轻人身处一个与上一代人截然不同的拒斥与体制发生任何关联的政治生态。以越战期间的美国为例,与体制存在关联常被人用来当作证据,证明上一代人的堕落,当然这是无政府主义者保罗·古德曼(Paul Goodman)的说法,而这种堕落恰是许多学生运动爆发的灵感来源。古德曼说,那时的"教授们"自愿放弃了"作为公民的独立性和批评自由的权利,甘愿当什么公众的仆人和警察的朋友"[10]。而真正的叛逆者必然拒绝与政治或政策有任何瓜葛。

那时年轻的史学家们当然要做叛逆者。据埃利说,对年轻的史学家而言,文化转向毋宁说是一种自我的解放,他们都"轻蔑鄙视传统史学,因为它言之无物、脱离实际",而新的理论"使档案史料获得了认识论意义上的新生"。年轻史学家对传统的反叛,正如同20世纪六七十年代年轻人中间风行的反战、争取言论自由、反种族主义等运动一样,反映出他们对良知的呼唤和让历史体系更紧密地与批判性政治联系在一起的决心。谈到这种反应的"重大意义",埃利直截了当:他们那一代史学家的政治就是与腐败的规范国际社会的组织一刀两断,而这正是上一代长时段史学家奉为至尊的研究主题。[11]

比起长时段历史,短期历史在1970年还有一个非常实际的优势:后者有一个秘而不宣、能让学历史的个人面对不景气的学术就业市场的专业考虑。因为就业的机会不多,史学的专业化程度便愈发地以掌握具体史料的多少为衡量标准。因为学历史的年轻人很多都是一边去档案馆查史料,一边参与政治抗议、身份认同的建构,以至渐成风气,所以英语世界的史学家

43

普遍把短期历史作为研究的范式。当然,其结果是这样的史学专著颇显高深。

美国1944年颁布的《退役军人权利法案》(GI Bill)规定对退役军人的教育进行国家补贴,引发了战后各领域研究生教育的爆棚,其中包括历史院系的研究生教育。博士生培养的时限从三年延长至六年,其中有不少甚至要超过六年。20世纪70年代末,新一代的美国研究生完成学业并走向大学的专业岗位。据美国国家科学基金会的报道,"大多数学科领域的学术就业市场出现人满为患的现象,甚至有人担心博士生生产有些过剩","每年授予博士学位的数量从1957年的8 611名猛增到1973年的33 755名,年增长近9%"。[12]就业岗位虽有所增加却远无法满足所有新毕业博士生的需求,因此,历史专业的研究生培养要比拼同行就要在原始文献的使用方面进行创新。美国早期历史专业博士生的培养往往要求学生的毕业论文涵括两个世纪甚至更长的时段,如特纳(Frederick Jackson Turner,1861—1932)有关北美历史上贸易站问题的研究或杜波依斯(W.E.B. Du Bois,1868—1963)有关1638—1870年打击贩奴贸易的论文均如是。[13]2013年,一项有关1880年以来8 000篇在美国书写的历史专业博士论文的调查显示,1900年,论文涵括的历史时限大约为75年,而到了1975年,其时限下降至30年左右。直到21世纪,才又反弹至75—100年间的时限(见图2)。[14]

在大西洋彼岸,情况也是大同小异。埃利在回忆录中讲到那些年由于就业市场的紧缩,他不得不和同伴竞争很少的几个专业职位。竞争中最有力的武器就是熟知地方性细节,而对细节的熟知来自当时城市史研究的传统,德、英的城市史尤重劳资纠纷的细节并将此作为城市社区生活的一个重要组成部分。事实上,当时的风气特别注重细微的地方生活经历,以至史学家如加雷思·琼斯(Gareth Stedman Jones)和大卫·罗迪格(David Roediger)等的著作中充满了这种细节,并认为只有这样才能廓清社区内种族、阶级和权力的状况,说明工人运动未能真正改造国家的缘由。[15]能够大量利用原始文献简直成了史学家修成正果不可或缺的律条，被认为是熟知方法论、高深理论、史学背景、通晓史料的专业的主要标志之一。尤其是能够利用迄今尚未被挖掘史料的人，更被认为是学富五车并完全具备分析解读历史文献的能力，能够填补其中的空白，而根本不问文献本身是多么的无足轻重或其作者的背景是多么的复杂不清。凡学史者必要读文献，不从者就别想当史学家。[16]

44

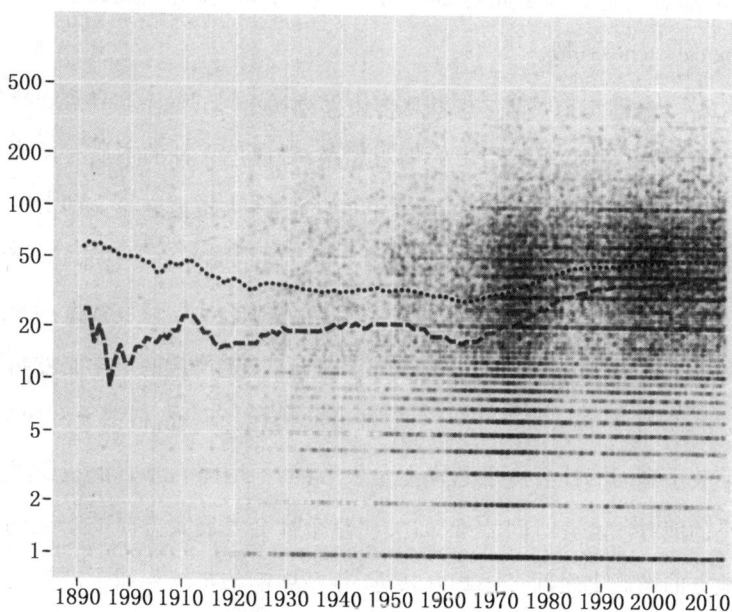

注：时间段中值用虚线表示，均值用点线表示。
资料来源：Benjamin Schmidt, 'What Years Do Historians Write About?', *Sapping Attention* (9 May 2013).

图 2 1885—2012 年前后美国历史专业博士论文中的时间跨度

由于从事短期历史研究的史学家开始重新思考其与史料文献和读者之间的关系，对史料文献的掌握程度自然成为专业水平的标的，其研究涵盖的时间段也就愈发局促。除了极少数的例外，20 世纪 70、80 和 90 年代的经典史学著作都只集中探讨某一特别时段的特别事件，比如心理学发现了某种

45

身心失调症,或某次工人运动中发生的骚乱。[17]从某种意义上说,每个社会史学家都只将自己的研究锁定在机构形成的某种特定形式上,所以事实上只是长时期劳动、医疗、性别或家庭生活变迁的一个片段。心理诊断的个案研究都遵循某种特别的模式,每项研究的时段则以当事的原创医生生卒年月为限,比如歇斯底里症的诊治、催眠术的流行、广场恐惧症的问世或伊恩·哈金(Ian Hacking)在《神游症患者》(1998)中有关神游症(又名梦游症)的论述,后者明显背离了此前20年的医学传统,好像突然脱离了"生态位"(ecological niche)一般。[18]

5至50年的生物时间尺度遂成为历史研究入门的模本。微观史学家彻底革新了盟会和种族主义历史的书写思路,对白色人种的本质有了崭新的认识,甚至改变了历史生产的过程本身。自此,一大批博士论文的关注点集中到地方和细微的领域,做史学论文成了花几年的时间练习传记体写作、文献阅读和微观断代。在短期历史盛行的年代,博士生导师最常做的事是让年轻的学子们缩小时段、缩减论题而不是相反,认定严肃的史学必然得自对小地方的性别、种族和阶级状况忠实细微的描述。不过,根据埃利的说法,与政治关系密切的社会史学基本上是失败的,原因正在于它的视野过多局限在小的地方:"随着时间的推移,关注整个社会发展大方向的宏观史和关注小地方的微观史之间……相互接近、相互影响的传统崩溃了。"埃利甚至将地方社会史与另外一种发端于年鉴派史学同样指向政治的史学进行对比,后者与他自己的史学思路颇为相近,对贴近当今的史学持"整体"的批判态度。[19]

短期历史造就了坚定收缩时段的"微观史"学派。微观史几乎完全放弃了宏大叙事和道德规谏的传统,而坚持对个别事件特别关注,比如娜塔莉·泽蒙·戴维斯(Natalie Zemon Davis)对法国近代早期旨在羞辱的胡闹音乐(charivari)的探讨,还有罗伯特·达恩顿(Robert Darnton)对发生在18世纪巴黎的神奇的屠猫事件的钩沉。[20]微观史本是发端于意大利的一种用于检

46

验长时段问题的治史方法，是对马克思主义及年鉴派史学宏大理论的回应。用埃德尔多·格伦迪（Edoardo Grendi）的话说，微观史要挖掘的是"'寻常'之中的特例"（eccezionalmente normale），目的在于验证同时多层次论证的可行性。[21]因此，微观史在方法上不同于卡洛·金斯伯格（Carlo Ginzburg）对善行者（berandanti）和巫师半夜拜鬼仪式的描绘，因为后者仅是在天和千年这两个层次之间跳跃；[22]原初的微观史也并不排斥超越学院的大的政治和社会问题，创立微观史的意大利人相信个体行为有"超越但又不外于既定的严苛的社会体系限制"的改造力量。[23]只不过一旦传播至英语史学界，短期历史在那里却造就出一种史家只求时段缩短、文献精益求精的习惯。其结果是，文献愈不为人知、愈艰涩难解，便愈被人看好，因为孤僻的文献方显史家治史的功力，证明其谙熟史料、真正地乐此不疲，且对文化认同、性、专业化、历史动力等各种理论问题均能条分缕析、有独到见解。与此同时，微观史家对宏大叙事的鄙夷诱发了史学中同情历史上特立独行的个体的倾向，甚至史学圈以外的人士也对此颇感同身受；这种"感伤主义"（sentimentalist）的历史叙事冒着"拥立地方、个体，而全然不顾超越于此的公共事业和政治问题"的指责的风险，即便这种做法给学院内外如此治史的史家带来了巨大的声誉和知名度。[24]

随之而来的后世史学家很自然地将短期历史的时段设定视作理所当然。要想谋到治史的工作，史家当然要表现出对历史新颖的解读，而短期历史为此提供了极大的专业便利，史家自可以别出心裁，彼此争论得你死我活。1968 年的史家已经身处"社会转向"（social turn）的潮流之中，这种转向可谓是"自下而上"的一种史学革命，要远离精英们垄断的历史，拥抱普通人、庶民、边缘人、被压迫者的经历。此后，又有所谓的"语言学转向"。"语言学转向"原本来自分析哲学，史学家从那里借来一些概念和语汇用以阐明人类世界及人们社会经历的建构性特征。[25]"语言学转向"又导致所谓"文化转向"，造成内涵更广泛的文化史的复活。[26]自此，又出现了一系列的背

47

离民族国家史的其他"转向",其中包括"跨民族转向"、"帝国转向"和"全球转向"。[27]本书的两位作者也曾参与"转向"话语的建构,其中之一最近提出了多学科均有所见的"空间转向"(spatial turn),另外一人考察了思想史研究中的"国际转向"(international turn)。[28]称学术运动为"转向",这本身就说明史家总在一条通向未来的单向道上,即便这条道路蜿蜒崎岖。正因如此,我们有必要重新拷问一下"转向"话语——包括"回归"(return),比如说"长时段的回归"——的恰切性和价值问题。

"转向"如此频繁、"转向"话语令人如此心神不安,以至英语世界的顶级史学期刊《美国历史评论》在 2012 年特别开辟了一个"史学的'转向':批判的拷问"学术论坛,专门讨论这一史学现象。[29]所谓"批判转向"(critical turn)对专业史家而言确是一种安慰,让他们觉得史家确实还在翻检史料、提出新问题,但正如参与《美国历史评论》论坛讨论的学者指出的那样,现在就连"批判转向"也颇有陈词滥调之嫌,他们可能在掩饰其业已根深蒂固的既有的史学思路:不管史家提出的问题有多大,也不管他们是否成功记录了人类经验的又一个侧面——空间的、时间的或情感的,直到近期的历史对此类问题的解答都有一个共同的特征:只是密切关注短期历史。

短期历史不止为社会史特别关注,事实上,整个美国史学界都是如此。与此同时,在大洋彼岸的剑桥大学,昆廷·斯金纳(Quentin Skinner)带头攻击思想史学界表现出的长时段倾向,尤其是阿瑟·洛夫乔伊(Arthur Lovejoy, 1873—1962)的历时思想史及其"巨著"(Great Books)元典式的研究取向——后者在政治理论的教学科研中常被采用,而赞成修辞和时段方面的紧缩化处理。斯金纳的这一举动被认为是思想史学界对战后英国宏大叙事走向崩溃的一种反应,尤其是英帝国的衰落和基督教的瓦解:"紧缩语境既确保了学术上的严谨,又可以避开各式各样旧有的和新兴的政治神话。"[30]由是,紧缩语境的所谓剑桥学派只关注共时的短期历史,其论证恰似精准的语言游戏或具体的言语行为,而根本不问其是否支撑了永恒的思想或持久的观念。

48

　　语境派最初瞄准的敌人是辉格派(Whigs)、马克思、纳米尔(Sir Lewis B. Namier,1888—1960)、洛夫乔伊等史学家,但其矛头却指向历史叙事中的时代错误(anachronism)、过度抽象和宏大理论。斯金纳在1985年曾倡导在人文科学中"回归宏大理论",但颇为吊诡的是,启发或代表这种回归的思想家——维特根斯坦、库恩、福柯、费耶阿本德等——却表示"很愿意强调地方性和偶然性……因此特别不赞成……各种宏大理论和单一的界说模式"。20世纪80年代对宏大理论回归的报道显然言过其实,事实是:宏大理论远没有回归,反倒如同密涅瓦的猫头鹰在黄昏中消退了。[31]直到90年代末,斯金纳本人才真正回归长时段研究——说到托马斯·霍布斯(Thomas Hobbes)的修辞便追溯到西塞罗和昆体良(Quintilian),认定新罗马自由理论得益于《法学汇编》(Digest),澄清共和主义源自后中世纪的国家和自由观念——并预示了后来思想史研究中更大幅度的长时段视野。[32]

　　从20世纪70年代末起,从社会史到思想史,史学各个分支差不多同时堕入了短期历史研究的模式。史学技艺中的长时段综合与文献记录或传记自然是彼此冲突的,这一点儿也不新奇。短时期历史记录在成为史学专业基本规范之前当然也是有先例的,比如,普鲁塔克(Plutarch)的《希腊罗马名人传》、塞缪尔·斯迈尔斯(Samuel Smiles)的《工程师传》(1874—1899)等等,那时的传记构成了历史书写的道德基底,其关注的时段刻意限定在模范"人物"显现的共时生活圈的范畴。[33]遇到长时段的不同理想发生冲突,也 49 很自然地出现短期历史的勃兴,以帮助时人做出决断。根据阿克顿勋爵(Lord Acton)的说法,米什莱(Jules Michelet,1798—1874)、麦金托什(John Mackintosh,1833—1907)、布赫兹(Franz B. J. Bucholtz,1790—1838)和米涅(Jacques Paul Migne,1800—1875)之所以购买然后上交教会和地方档案文献,乃试图为法国大革命的遗产定性的欲望所驱使,有人指斥其为"一段另类故事",属离经叛道的悖逆行为,而也有人歌颂其为"整个历史的成熟果实"。[34]由此引发了一场文献的革命,史学家的角色也从叙事的艺术家、文献的综述者转变成为档案材料的收集者和研读者,因为他们想要做周到谨慎的评议者,相信评判历史要靠文本的力量。制度史为自己选定了解析自由主义传统的任务,集中研究历史上的几个关键时刻,比如埃里·哈莱维(Élie Halévy,1870—1937)的《1815 年的英国》(1913)。短期历史通常特别关注媒体的解读、特别的论战和颇具争议的历史年代,比如诗人罗伯特·格雷夫斯(Robert Graves,1895—1985)曾写过一本名为《长周末》(1940)的史书,探讨乌托邦主义在两次世界大战期间的式微。[35]

对专业知识——即"对越来越少的东西知道得越来越多"——的焦虑一直困扰着职业化、专家化的兴起和发展,起初只是在自然科学领域,后来自 20 世纪 20 年代起这种焦虑的范围扩大了(见图 3)。又过了 30 年,英国小说家金斯莱·艾米斯(Kingsley Amis)在小说《幸运的吉姆》(1953)开始极力挖苦专业化给年轻史学家带来的多重限制。小说里的主人公吉姆·狄克逊(Jim Dixon)是某省立大学历史系的一位讲师,整部小说里只见倒霉的吉姆为寄出去的一篇论文的命运而苦恼,因为论文的发表与否将决定他在专业上是否有发展前途。论文的题目是《造船技术的发展对经济的影响,1450—1485》,是主人公胡乱串起来的。用吉姆自己的话说:"文章题目完全没问题,因为足够琐碎、完全没有思想,论文里都是枯燥至极的事实的罗列,用貌似智慧的东西解决根本不存在的问题"。不过在《幸运的吉姆》发表之后的几年里,稍微负责任一点儿的导师都是不会让学生写这种荒谬至极却又雄心勃勃、涉猎广泛的题目的。[36]

50

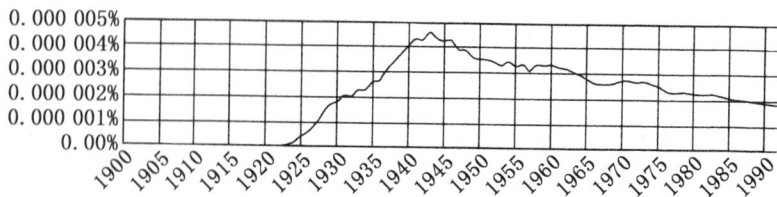

资料来源:谷歌书籍词频统计器(Google Ngram viewer)。

图3　1900—1990 年的文献中"小题大做"("对越来越少的东西知道得越来越多")的现象

不过在20世纪70年代结束以前,还从未有过整整一代史学家都公开拒斥长时段思维的状况,但婴儿潮时期出生的学者们这样做了,因为他们完全不接受前一代史学家那种相关的、投入的治史思路。马克思主义史学家的著作,从E.P.汤普森的《英国工人阶级的形成》(1963)到尤金·吉诺维斯(Eugene Genovese)的《奔腾吧,约旦河!》(1974),都曾借鉴民俗学的研究方法,比如用民谣、笑话和常见修辞格来佐证工人阶级和奴隶文化的特征,以及底层庶民和社会精英之间在彼此态度上的紧张程度。[37]但这种描述重大时代变迁的意愿在20世纪70年代初的工运史学家身上发生了明显的转变,比如琼·瓦拉赫·斯科特(Joan Wallach Scott)和威廉·西威尔(William Sewell),他们的著述只关注一层厂房或乡里的互动,这显然是从社会学那里借鉴的方法:关注个体行为者和细节。[38]诚然,这类史学家对细节的关注并非必然与史学的宏大视角发生冲突:西威尔有关法国大革命的研究就横跨"旧制度到1848年";微观史学家缺少了长时段的框架也很难真正运作。不过此时的史学家不写长时段的历史,而把这项工作外包给了六七十年代的德、法社会理论家。米歇尔·福柯有关性、规训、监狱和政府秩序的史学著作动辄横跨数世纪,为研究生育、教育、社会福利和统计的短期历史的众多史学家提供了一个长时段的框架,而尤尔根·哈贝马斯有关18世纪公共生活的乐观描述则提供了另外一种可供选用的研究框架。[39]监狱与咖啡厅、悲观与乐观,宏观史学在此为现代社会体制的发展呈现了截然两极的叙事框架,微观史学家所要做的是往里面填充细节。不管在微观史的叙述中注明还是不注明,上述理论都为注重细节的短期历史、历史社会学和历史地理学起到了定向作用。[40]从1968年至大约2000年前后,这些学科的学者暂时摆脱了原创历史思想的职责,也不再思考原创思维对未来的意义。这一期间,理解的任务由对总体的概括转到了大的阶级斗争框架下的微观政治或一时一地的输赢得失。

51

＊　＊　＊　＊　＊

在 1968 年之后的几十年里,短期历史支配了大学历史教学中的时间思维。现代大学历史教材的编排是要教会青年一代如何做历史研究,却反复强调要把研究的问题限定在某个具体的时段,至少在美国出版的教材如此。例如,弗洛伦斯·N.麦考伊(Florence N. McCoy)1974 年出版的经典美国历史教材对学生选择科研课题的程序做了详细说明:一位同学本来是想研究奥利弗·克伦威尔(Oliver Cromwell, 1599—1658),可(这令麦考伊无法接受,因为题目太大了)最终选择了"论克伦威尔关于合并苏格兰与英格兰的看法"。带着这种大学教育的理念,后一个题目自然要比前一个题目更合宜:它要教会学生效仿专家,而专家统治着这个专业林立的社会,彼此竞相紧缩自己的研究领域,以求更专业。上述有关克伦威尔和"论克伦威尔关于合并苏格兰与英格兰的看法"的例证非常有助于学生学会埋下头,"找到一个只有英格兰—苏格兰外交关系史的专家才能有的学习机会"。[41]

历史教学的改变同时带来了整个历史学风的转变。20 世纪 70 年代以前,史学家彼此批评视野过窄造成主题互无关联本是司空见惯的事情。在六七十年代,老师总要三令五申地警告学生不要视野过窄。撰写论文时如果时段降到了 50 年以下,评议人往往就会做出反应。保罗·比尤(Paul Bew)的《爱尔兰的土地和民族问题,1858—1882》(1979)交到出版社以后,有位编辑发现该书的实际重点仅在 1879—1882 这三年间感到非常不满,虽然他也承认作者对此间生活水平和人们物质生活期待的研究颇为细致。[42]甚至有些著作的时段颇具规模也会遭到指责,只是因为题目和导论部分好像许诺得更大、更多。罗德尼·巴克尔(Rodney Barker)曾发表专著称"现代英国"史,其实书中的重点仅是一个世纪,次年 1979 年便有书评指出该书只涵盖 1880 至 1975 年的英国史,实在是"太短的一个时段"。[43]

但到了 1979 年,时代发生了变化,历史研究哪怕是只涵盖"太短"的一

52

个时段也不再遭人耻笑。老阿瑟·施莱辛格1933年发表了有关美国多元种族史的专著《论城市的兴起,1878—1898》,其涵盖的时段是20年,但这只是宏大的多著者的多卷本之一,整个项目的起点是美洲的大发现。老阿瑟·施莱辛格在卷首的"导论"中甚至对古波斯、古罗马的城市进行了概述,但他自己研究的重点却旨在廓清自身生活时代20年间人口迁移和移民的格局。康奈尔的史学家卡尔·贝克尔(Carl Becker,1873—1945)对这种窄小的时段深感震惊,认为著者把历史切割得过于细碎,从中根本学不到什么。20世纪六七十年代恰逢大学急剧扩张的时期,数据变得弥足珍贵,老施莱辛格的研究也因此被抬高到经典的地位。至1965年老施莱辛格去世,他在哈佛大学的同事们便开始指责贝克尔的史学研究"时段过宽、以偏概全"。由此,史学遭受的指控由时段"太短"变成了"太长"。[44]

由于短期历史成了史学的主流,史学家们也开始愈发地忽视历史中的深度时间及其与未来的关系问题。至少在英语国家,微观史学家几乎从不浪费时间为读者定位自己的短期历史,原因是他们被锁定在一种奖励知识不断细分的游戏中而无力脱身。大学更是讲求细碎的学术分工,造成年轻学者根本不可能写出面向大众的文字,或稍许关注深度时间的视野,毕竟前者本质上离不开后者。当然这与宏大叙事退却的大环境是吻合的,美国思想史学家丹尼尔·罗杰斯(Daniel Rodgers)将其称之为"断裂的时代"(Age of Fracture),其核心就是时段或视野的收缩:"20世纪中叶,历史叙事更注重那种宏大的、确定不移的、超越普通人生的存在,而不是社会史的那一套。严肃的谈话都是关于长时段、大规模的运动。"而到了20世纪80年代,现代化理论和马克思主义,这些"关乎长时期经济发展和文化滞后的理论,连同确定不移的商业周期和史学家的长时段审视",却统统让位于缩小了的历史时段,此时的历史研究只关乎某个短暂的时刻:此时、此地、眼前。[45]

20世纪80年代,大西洋两岸的史学家都开始抱怨过度的专业化造成了史学研究的碎片化。"历史研究同时朝一百个方向长出分枝,而彼此之间根

53

本没有任何协调。……想要实现整体的综合，哪怕是有限的某些地区，都是完全不可能的。"这是美国历史学会主席伯纳德·贝林（Bernard Bailyn）在1981年就职演说中发出的感言，是对"现代史学的挑战"，其旨趣恰在"为广泛的历史研究赋予秩序，通过综合性的著述、有结构的叙事、围绕重大主题重新……让历史回归大众读者"。[46]此后不久的1985年，又一任美国历史学会主席 R.R.帕尔默（R.R. Palmer）——本身是研究民主革命的长时段史学家——对法国革命史的研究发出抱怨："专业化已经发展到极致的程度……这种专业化的处理究竟为年轻人的教育带来什么，又对大众的启蒙有何帮助，我们不得而知。"[47]1987年，年轻的英国史学家大卫·坎纳丁（David Cannadine）也同样谴责了史学中的"专业崇拜"（cult of professional-ism）现象，并指出，实际的情况是"学院史学家写出的专著越来越多，而读这些专著的人却越来越少"。坎纳丁警告说，这样做的结果"只能是历史学家作为公众导师的角色被彻底毁掉"。[48]专业化导致了边缘化，因为历史学家很快便与非专业的读者失去了联系，前者只顾彼此交谈，话题越来越窄，时段越来越小。

美国史学家彼得·诺维克（Peter Novick）写了一部《那高尚的梦想》（1988），以道德说教的口吻对美国史学界的作为予以评述。诺维克在书中亦称20世纪80年代为碎片化的年代，仿佛"以色列中没有王"的状态。人类学转向及其重视"深度描述"（thick description）的做法，微观史从意大利经法国传入美国，认同政治和后殖民理论搅扰自由主义的传统学科，让-弗朗索瓦·利奥塔（Jean-François Lyotard）诊断出世人对宏大叙事愈发狐疑，所有这些加在一起构成一股强大的离心力，将既有的历史传统撕得粉碎。[49]不过，上述来自贝林、帕尔默、坎纳丁和诺维克的哀怨其实并未触及问题的实质：史学界的分化实乃短期历史（short *durée*）取胜、大势所趋的并发症。

要求精熟文献、注重微观史考察、强调偶然性和具体背景，再加上怀疑宏大叙事、对辉格史学的目的论充满敌意、稳步推进的反本质主义，所有这些加在一起便决定了历史研究中必然具备愈演愈烈的共时性和短期主义特征。强调个案研究、重视个体的作用、凸显具体的言语行为，诸如此类的做法逐渐取代了布罗代尔、纳米尔、芒福德、洛夫乔伊和沃勒斯坦等主张的长时段模式，随之而来的是达恩顿、戴维斯等史学家的微观史。差不多十年以前，一位研究美国的法国史学家曾颇为含蓄地提出："因为后现代主义学者主张研究应面对碎片化的、短暂无常的存在，所以长时段的历史研究的确显得不再时髦，但长时段作为一种虽不能至却可逐渐趋近的理想还是成立的。"[50] 不过，微观史的创立者也懂得，治史要令人称道就必须批判地检视史料，而且通常是多种不同性质的史料。另外，具有批判意义的史学还要服务公众，要做到这一点也必须高屋建瓴、博采众长，以破除左右当今世人史观和意义追求的种种幻象。为此，短期历史有必要重新追问历史中某些大问题，当初正是基于这些大问题的解答，短期历史才最终在 1968 年得以问世。

　　当今世界正处在全球变暖的时代，人类将面临土地和水资源的激烈争夺，值此，围绕资源和分配展开的阶级斗争史——无论是发生在同一个社会内部还是在不同社会之间的——显得比任何时候都更加必要。然而在过去的四十年里，有关长时段的历史及其对未来的真实意义并不为广大公众所熟知，相反，人们抱持着各式各样且广为传播的神话或传说，其中鲜有专业史学家的参与和建构。这中间包括气候灾变说、历史终结论、人类注定要走资本主义道路等，不一而足。有关大众消费的理论更是截然对立：气候灾变说认为，如果政府不加干预，那么人类的末日在即；而新自由主义者提出，人类只需放任自由市场经济的发展，因为新技术的问世自然会扭转气候变暖的势头。历史的力量恰在其能够破除这种信口雌黄的神话。在此，短期历史研究最重要的一个贡献是破除了流传至各大洲且深刻影响了进化生物学、经济学、人类学和政治学的多种神话。读者尽可一览经济学家们自 20世纪 60 年代以来一直在争论的有关发展中国家的发展道路问题：这类学者

55

竟然以种族和历史传统为理据,认为印度人和中国人先天缺少谋求发展的心理,所以根本无力在物质生产和技术工程方面有所建树。当然,当今已没有什么人还相信这套话语,这主要归功于 1975 年之后几十年的历史研究,后者揭穿了白种人至上的神话,指出此纯系人为编造的不实的医学数据所致。此外,还有声言美国内战系州权政治理论而非蓄奴制度所致的神话、西方殖民制度颇多裨益的神话和西方优越的神话,等等。假如没有一代史学家的沉潜挖掘、悉心考证、历经文化转向和后殖民转向,那么上述神话传说依然会风行于世,我们生活于其中的这个世界也将大为不同。

史学家们早已不再相信西方帝国的问世乃世界经济福音的神话,但许多经济学家仍一如既往地对此深信不疑。二十年前,威廉·A.格林(William A. Green)指出,每当历史学家重新改写历史事件的起讫年限,我们事实上便获得了一次自我解放的机会,使我们摆脱掉其他领域奉为真理的"思想枷锁"。[51]历史数据的一个主要用途是让世人看清那些流传既久便令人不得不信以为真的历史先例,以及文献本身所呈现出的真实格局。长时段的历史数据足以矫正经济学家和气候科学家模糊不清的立场或主张,只需指出这些专家们是在哪里陷入了旧日的行为模式和意识形态漩涡就足够了。另外,气候科学家和政策分析师正在挖掘的电子数据——包括电子版的报纸、议会记录、专业期刊——其实至多反映了现代社会机制的作为。当然,这类文献支持长时段的历史研究,对历史背景的交待也更为详尽,故而远胜于过去 30 年间生产出的博士论文。但此类文献涵盖的历史时段也不过数十年,或至多数百年。

我们这个信息社会需要综合者和仲裁人,才能更好地谈论如何采信气候变化的数据和经济指标。我们还需要向导,向导的作用是检验业已收集到的数据、相关数据的阐发、因之采取的行动,然后指出哪些是前后协调一致的,哪些是不连续的,哪些是谎言,哪些是管理不当,哪些根本就是含混不清、乱解滥用。但最重要的,我们需要让广大公众了解和理解这类宏大叙事，让他们认识到未来的发展方向和宏大叙事的意义。

复杂的历史要交待历史数据的来源，这种治史的方法对民主社会特别有益。如今的大学教育，多数学科专业培训的目的是让受教育者远离公众，让他们接受"专家"的说话和写作套路，而后者的特点是里面充满了高深莫测的公式和关键词。但讲述历史的传统肯定要比当今盛行的专家传统要长得多，而且讲历史本质上具有民主性。如同讲故事或踢足球一样，历史是男女老幼都能参与的事情，通过关键词的网上搜索、查询地方历史档案或梳理古墓碑上的名字，普通人能讲历史。[52]把自己知道的编成故事，这实际上是人类最古老的保持记忆的工具，这样的历史把大量的数据压缩成易于传播的片段，然后再经过时代的添枝加叶，便成为人们预测未来的重要参考。言共性、谈未来，通过人人参与，我们很有可能找到不同以往的通向未来的另外一条道路。这种做法的优势在于人们可以直接检验证据，然后得出不同于专家的结论。

比如，在我们这个异常复杂、全球化程度日趋提升的世界里，如果我们要就气候变化达成一致的意见，就不能说穷人只配饿死或陷于无依无靠的境地，相反，我们需要一种民主的对话，共同回顾人类的过去并畅想人类可能的未来。若有公众的参与，历史就有可能摆脱科学家和经济学家类乎原教旨主义的论调，根据后者的说法，只有通过精英控制财富或科学监控整个地球系统，人类才有可能避免灭顶之灾。而历史则有可能开辟不同于此的其他路径：让公众参与对话，我们就有可能重新想象出可能的可持续发展之路。

广为流传的长时段叙事，无论是有关气候、国际政府还是不平等的，通 57
常采取追溯久远以来的多个事件的论证形式。比如，贾雷德·戴蒙德(Jared Diamond)的《崩溃：社会如何选择成败兴亡》(2005)穿插了瘟疫流行、种族及民族灭绝等多个故事、多重证据，叙述颇为生动。但若论文献使用的多样化程度而言，即使这样一本书也比不上短期历史的叙事，比如娜塔莉·泽蒙·

戴维斯和罗伯特·达恩顿的著作,他们使用的文献史料既量大、种类又多,如童话故事、历史文物、书籍创作及其装帧、插图史材料等。微观史家还常把史籍中从无记载的家庭和人物的故事写入自己的著作,从而练就了一身使用多重证据的高超本领,例凡考古的、建筑的、统计的、技术的、经济的、政治的、文学的,几乎无所不有,所以说极大程度地丰富了历史的叙事。就有限框架下治史的高超和老练程度而言,微观史学及其他短期史学流派可谓达到了登峰造极的高度,俨然运用多重史料的大师。所以短期历史给我们的教益是:注重细节的叙事艺术,当然这是在长时段视角不甚紧要的情况下。史学家泰勒(A.J.P. Taylor, 1906—1990)曾笑谈,时时处处寻找长时段的根由就好像出车祸的汽车司机对警察说,都是当初发明内燃机惹的祸。[53]淡漠了细节,大图景的问题也无从谈起,因为没有了可支撑的数据,所以只能靠主观臆断外加些许无足轻重的证据。

为阐明史学中还原主义与整体主义的对立,我们可参照一下英国维多利亚时代有关不平等问题的激烈辩论。这是短期史学时代史学家重点研究的一个课题。但不只是历史学系,当时的经济学系也把维多利亚时代当作一个重点研究领域。不想,针对这段历史,这两个不同学科的研究结果竟南辕北辙、截然对立。每个学科都有自己的一套数据和指数,当然也许会参照其他有关当时生活状况的指数,比如犯罪率与身高、受教育水平与临死前拥有的财产数量、移民状况与工资收入水平等。基于此类数据,有经济学家得出结论说,19世纪事实上见证了平等、机会和创业三个方面水平的提高。在研究19世纪不平等问题的经济史学家中,有相当多的人主张19世纪的工业化给穷人带来了更多的给养,而20世纪的"社会主义"带来的只是高税收,却不见社会发展机会的增多。[54]根据经济学家的说法,数据胜于雄辩,结论只能是,资本主义在19世纪期间赶走了不平等,所以有可能还会如此继续下去。

而在更为激进的史学家看来,维多利亚时代最主要的特点是警察的压制、新政治机构对穷人的妖魔化和百般虐待以及代表穷苦人和少数民族群体的组织愈发激进的阶级意识和极端行为。有大量证据表明,在一个世纪的时间里,英国的国家机构逐渐强化,社会福利制度也有所发展,而在此时,也出现了一种更加不偏不倚的历史叙事,有的指责威权国家乃阶级分化之源头,而有的则提出来自下层的公民权力是否能够通过出版技术或面对面的交谈得到疏导。[55]史学家们重新梳理了经济学家曾经检验过的地区和时代并发表了大量文字,不过史学家检视的文献种类更为多样化,有工厂工人的日记和宣传册,有监狱里分发食物的记录单,还有监工违反官方规定不给工人饭吃或鞭打工人而被送上法庭的卷宗,总之要比经济学家们考察的文献丰富得多。[56]由于历史学家搜集资料的方式不同于经济学家,所以历史研究开辟了未来改进的新思路,其中包括要重视参与式民主的政治机制,但史学研究基本不会去证明工业革命将维多利亚时代的英国送上了社会和谐的发展轨道,所谓收入相对公平、发展机会均等等。

　　甚至相同的事件也可以有完全不同的描述,当然这取决于研究者采信文献的程度或深度。比如,19世纪70年代曾出现粮价下跌的现象,有经济史家在2002年撰文指出,这表明肇始于1500年的资本主义最终为所有人带来了"实际购买力",其中也包括工人阶级,虽然这期间也曾造成某种程度的收入不平等。[57]然而同样是粮价下跌,历史学家却有完全不同的解释,后者认为,这是曼彻斯特工人数十年组织工会、发动工人运动、争取人人有饭吃的斗争结果。在后者看来,19世纪70年代前后社会不平等有所缓解的现象与国际贸易的发展并无关联,而是在经历了数十年的国家压制后工人组织起来斗争的结果,工人阶级不断地公开聚会、交流思想、分享经验,最终开启了有组织的政治改革。[58]所以在史学家看来,这当然是一段社会行动者(social actors)的故事,而不是什么资本主义自由市场经济的功劳。不过,如果只截取某些文献资料对历史进行单向度的考察,文献资料也就被滥用了。由是可以看出,上述研究虽各有褒贬,但都只是截取了单向度的经济生活或

59

历史经验——工资收入、粮价或身高——并以此作为自由、民主或幸福生活的替代物。[59]

再举一个更具体的事例:史学家和经济学家如何看待英国工业革命时期的进步问题。几十年以前,美国经济学家对19世纪穷人的给养问题进行了研究,采信的文献是当时初入狱的犯人的身高和体重。有证据显示,穷人的工资收入显示出不断提升的趋势,因为总体看来,1867年穷人的实际购买力要比1812年高得多。[60]但又过了几十年,英国经济学家重新考订了文献史料,其中包括英国社会史的一些文献,结果证明,与前述的结论正相反:英国工人阶级的女性身高在工业革命期间实际有下降的趋势。现在的认识是,那时工人的母亲和妻子经常挨饿,因为她们经常不吃饭,把省下来的食物留给在工厂做工或在码头装船的丈夫,使后者不至因体力跟不上而无以为继。初入狱的工人阶级女性非常瘦弱,以至监狱里颇为不济的粗茶淡饭让她们长胖了。要知道,监狱的伙食是政府特别规定的,目的是防止懒惰的孤儿不至于因为那里的伙食好而想方设法进监狱。[61]

借助工业革命的新自由主义历史解读,上述有关监狱生活的研究提醒我们,对当时的大多数人而言,阶级和性别上的特权在很大程度上钳制了企业的发展和创新。如果缺少对性别和年龄方面的关注——剑桥大学的经济学家萨拉·霍瑞尔(Sara Horrell)将这种关注称为"史学颇有裨益的一面"且得自她对短期历史著作的阅读——那么学者借以建构历史的证据实际上不过强化了有关维多利亚时代工业化研究的种种偏见,即这一时期的工业化造就了身强力壮、衣食无忧的无产者。[62]甚至在大数据研究领域,更多地关注短期历史范式中有关人的动因、身份认同以及人何以为人等方面的论述,我们也可以在认识论和方法论方面有所收获。

上述有关社会不平等问题的讨论只是众多类似的事例之一,旨在说明大约三十年前的经济史家如何拘泥于既有的经济学结论,虽然这些结论在当时已有数十年甚至数世纪之久。事实上,直至今日也还有一些经济学家依然抱残守缺。数十年来,经济学领域的学术杂志确曾有教授撰文指斥自己的同仁因钟爱某个假说或迷信数字的精确而置异己的模式于不顾。2008年,经济学家卡尔·佩尔森(Karl Persson)怒斥自己的同仁格雷格·克拉克(Greg Clark),因为后者竭力为被前者称之为"马尔萨斯错觉"(the Malthus delusion)的理论辩护。据佩尔森称,早有证据表明人类文明通常会自动抑制人口的增长,所以造成贫困的因素不止在人口增长,而另有更复杂的原因。佩尔森指责克拉克只选择对自己有利的证据、只看截面图,根本无视其他经济学家早已推翻这一理论的事实:"虽有历史证据证明格雷格·克拉克的理论站不住脚,可他却死抱自己的崇高目标不放,决意书写自己的大历史。"佩尔森还说:"克拉克不肯认输,那是因为他不肯让事实害了他的大历史。"[63]新自由主义经济学家一旦抱定一个长时段因素而不顾其他众多因素,那么他们所做的便是臆断,而非长时段思维。

要让历史对当前有用,历史研究的范畴自当恰到好处,因为只有如此,历史学家才能做到最好:多方鉴别文献和数据,而后择善而从。传统历史当然也注意到了凡事多因的本性,其求解思路是多管齐下:思想史、艺术史、科学史等分门别类,从而对多因共塑的现实给予反映。虽有自然规律和事物发展的总体格局,但二者并不能决定个体的最终命运:个体虽逃不过二者的制约,却还有选择的能力。历史欲昭示公众:自古凡事皆有多因,因此,通往美好未来的道路也不止一条。

【注释】

[1] E.J.Hobsbawm, *Primitive Rebels: Studies in Archaic Forms of Social Movement in the 19th and 20th Centuries* (Manchester, 1959); Hobsbawm, *The Age of Revolution, 1789—1848* (London, 1962); Hobsbawm, *Labouring Men: Studies in the History of Labour* (London, 1964); Hobsbawm, *Industry and Empire: The Making of Modern*

English Society, *1750 to the Present Day*(London, 1968); Hobsbawm, *Bandits*(New York, 1969). On 1968, see Ronald Fraser, *1968: A Student Generation in Revolt*(New York, 1988); Michael Seidman, *The Imaginary Revolution: Parisian Students and Workers in 1968*(New York, 2004); Rainer Horn, *The Spirit of '68: Rebellion in Western Europe and North America*, *1956—1976*(Oxford, 2007); Martin Klimke, *The Other Alliance: Student Protest in West Germany and the United States in the Global Sixties* (Princeton, NJ, 2011).

[2] Geoff Eley, *A Crooked Line: From Cultural History to the History of Society*(Ann Arbor, MI, 2005), ix.

[3] Geoff Eley, 'The German Navy League in German Politics, 1898—1914'(DPhil. thesis, University of Sussex, 1974); Eley, 'Reshaping the Right: Radical Nationalism and the German Navy League, 1898—1908', *The Historical Journal* 21(1978), 327—354.

[4] 比如,可参阅 Charles Tilly, *Big Structures*, *Large Processes*, *Huge Comparisons*(New York, 1984); Richard E.Lee(ed.), *The Longue Durée and World-Systems Analysis*(Albany, NY, 2012)。

[5] David Blackbourn and Geoff Eley, *Mythen deutscher Geschichtsschreibung. Die gescheiterte bürgerliche Revolution von 1848* (Frankfurt, 1980); Blackbourn and Eley, *The Peculiarities of German History: Bourgeois Society and Politics in Nineteenth-Century Germany*(Oxford, 1984).

[6] Geoff Eley, 'Holocaust History', *London Review of Books*(3 March 1983), 6—9.

[7] Gerald Bloom, 'Science and Technology for Health: Towards Universal Access in a Changing World', 2009: http://opendocs. ids. ac. uk/opendocs/handle/123456789/2282; Adrian Ely and Martin Bell, 'The Original "Sussex Manifesto": Its Past and Future Relevance', 2009: http://opendocs. ids. ac. uk/opendocs/handle/123456789/2283; Melissa Leach, 'Sustainability, Development, Social Justice: Towards a New Politics of Innovation', in Leach, *Technologies and Innovations for Development*(Springer, 2012), 19—29; Esha Shah, 'Manifesting Utopia: History and Philosophy of UN Debates on Science and Technology for Sustainable Development': 2009: http://mobile.opendocs.ids.ac.uk/opendocs/handle/123456789/2451.

[8] William Robbins, 'William Appleman Williams: "Doing History Is Best of All. No Regrets"', in Lloyd Gardner(ed.), *Redefining the Past: Essays in Diplomatic History in Honor of William Appleman Williams*(Corvallis, OR, 1986), 4—5; Michael D. Bess, 'E. P. Thompson: The Historian as Activist', *The American Historical Review* 98 (1993), 18—38.

[9] E.J.Hobsbawm, 'The Social Function of the Past: Some Questions', *Past & Present* 55 (May 1972), 3—17; Hobsbawm, 'Mass-Producing Traditions: Europe, 1870—1914', in E.J.Hobsbawm and T.O.Ranger(eds.), *The Invention of Tradition*(Cambridge, 1983), 263—307.

[10] Paul Goodman, 'The Devolution of Democracy', Dissent 9(1962), 10, quoted in Kevin Mattson, *Intellectuals in Action: The Origins of the New Left and Radical Liberalism*, *1945—1970*(University Park, PA, 2002), 124.

[11] Eley, *A Crooked Line*, 129—130.

[12] Lori Thurgood, Mary J.Golladay, and Susan T.Hill, 'US Doctorates in the 20th Century:

Special Report' (National Science Foundation, June 2006), 7: www. nsf. gov/statistics/nsf06319/pdf/nsf06319.pdf.

[13] Frederick Jackson Turner, *The Character and Influence of the Indian Trade in Wisconsin: A Study of the Trading Post as an Institution* (Baltimore, 1891); W.E.B.Du Bois, 'Suppression of the African Slave Trade in the United States' (PhD dissertation, Harvard University, 1895); Du Bois, *The Suppression of the African Slave-Trade to the United States of America, 1638—1870* (New York, 1896).

[14] Benjamin Schmidt, 'What Years Do Historians Write About?', *Sapping Attention* (9 May 2013): http://sappingattention. blogspot. com/2013/05/what-years-do-historians-write-about.html. 非常感谢本·施密特与我们分享他最新的研究发现并使用他对博士论文趋势的图示。

[15] Gareth Stedman Jones, *Outcast London: A Study in the Relationship between Classes in Victorian Society* (Oxford, 1971); Stedman Jones, *Languages of Class: Studies in English Working Class History, 1832—1982* (Cambridge, 1983); David R.Roediger, *Wages of Whiteness: Race and the Making of the American Working Class* (London, 1991).

[16] Arlette Farge, *Le Goût de l'archive* (Paris, 1989).

[17] For example, R.B.Rose, 'The Priestley Riots of 1791', *Past & Present* 18(1960), 68—88; John Bohstedt, *Riots and Community Politics in England and Wales, 1790—1810* (Cambridge, MA, 1983); Colin Haydon, *Anti-Catholicism in Eighteenth-Century England, c.1714—80* (Manchester, 1993); Ian Haywood and John Seed(eds.), *The Gordon Riots: Politics, Culture and Insurrection in Late Eighteenth-Century Britain* (Cambridge, 2012).

[18] Ilza Veith, *Hysteria: The History of a Disease* (Chicago, 1965); Robert Darnton, *Mesmerism and the End of the Enlightenment in France* (Cambridge, MA, 1968); William J. McGrath, *Freud's Discovery of Psychoanalysis: The Politics of Hysteria* (Ithaca, 1986); Ian Hacking, *Mad Travelers: Reflections on the Reality of Transient Mental Illnesses* (Charlottesville, VA, 1998); Rachel Maines, *The Technology of Orgasm: 'Hysteria', the Vibrator, and Women's Sexual Satisfaction* (Baltimore, 1998); Georges Didi-Huberman, *Invention of Hysteria: Charcot and the Photographic Iconography of the Salpêtrière* (trans.) Alisa Hartz(Cambridge, MA, 2003); David Trotter, 'The Invention of Agoraphobia', Victorian Literature and Culture 32(2004), 463—474; Mark S. Micale, *Hysterical Men: The Hidden History of Male Nervous Illness* (Cambridge, MA, 2008).

[19] Eley, *A Crooked Line*, 184, 129.

[20] Natalie Zemon Davis, *Society and Culture in Early Modern France: Eight Essays* (Stanford, 1975); Robert Darnton, *The Great Cat Massacre and Other Episodes in French Cultural History* (New York, 1984).

[21] Edoardo Grendi, 'Micro-analisi e storia sociale', *Quaderni storici* 35(1977), 512. See, more generally, Jacques Revel(ed.), *Jeux d'échelles. La micro-analyse à l'expérience* (Paris, 1996); Paola Lanaro(ed.), *Microstoria. A venticinque anni de l'eredità immateriale* (Milan, 2011); Francesca Trivellato, 'Is There a Future for Italian Micro-History in the Age of Global History?', *California Italian Studies* 2(2011): www. escholarship. org/uc/item/0z94n9hq.

[22] Carlo Ginzburg, *Storia notturna. Una decifrazione del sabba* (Turin, 1989).

[23] Giovanni Levi, 'On Micro-history', in Peter Burke(ed.), *New Perspectives on Historical Writing*(Cambridge, 1991), 94.

[24] Mark Salber Phillips, *On Historical Distance*(New Haven, 2013), 205—206.

[25] Richard Rorty(ed.), *The Linguistic Turn: Recent Essays in Philosophical Method*(Chicago, 1967); Gabrielle M.Spiegel(ed.), *Practicing History: New Directions in Historical Writing after the Linguistic Turn*(London, 2005); Judith Surkis, 'When Was the Linguistic Turn? A Genealogy', *American Historical Review* 117(2012), 700—722.

[26] Victoria E.Bonnell and Lynn Hunt(eds.), *Beyond the Cultural Turn: New Directions in the Study of Society and Culture*(Berkeley, 1999); James W.Cook, Lawrence B.Glickman, and Michael O'Malley(eds.), *The Cultural Turn in US History: Past, Present, and Future*(Chicago, 2005).

[27] Antoinette Burton(ed.), *After the Imperial Turn: Thinking With and Through the Nation*(Durham, NC, 2003); Ulf Hedetoft, *The Global Turn: National Encounters with the World* (Aalborg, 2003); Winfried Fluck, Donald E. Pease, and John Carlos Rowe (eds.), *Re-Framing the Transnational Turn in American Studies*(Hanover, NH, 2011); Durba Ghosh, 'Another Set of Imperial Turns?', *American Historical Review* 117 (2012), 772—793.

[28] Jo Guldi, 'What is the Spatial Turn?' (2011): http://spatial. scholarslab..org/spatial-turn/; David Armitage, 'The International Turn in Intellectual History', in Armitage, *Foundations of Modern International Thought* (Cambridge, 2013), 17—32; also in Darrin M.McMahon and Samuel Moyn(eds.), *Rethinking Modern European Intellectual History*(New York, 2014), 232—252.

[29] Judith Surkis, Gary Wilder, James W.Cook, Durba Ghosh, Julia Adeney Thomas, and Nathan Perl-Rosenthal, 'AHR Forum: Historiographic "Turns" in Critical Perspective', *American Historical Review* 117(2013), 698—813.

[30] Emile Perreau-Saussine, 'Quentin Skinner in Context', *Review of Politics* 69 (2007), 110.

[31] Quentin Skinner, 'Introduction: The Return of Grand Theory', in Skinner(ed.), *The Return of Grand Theory in the Human Sciences*(Cambridge, 1985), 12.

[32] Quentin Skinner, 'The Vocabulary of Renaissance Republicanism: A Cultural longue-durée?', in Alison Brown(ed.), *Language and Images of Renaissance Italy*(Oxford, 1995), 87—110, 随后又出版了 Skinner, *Reason and Rhetoric in the Philosophy of Hobbes*(Cambridge, 1996); Skinner, *Liberty Before Liberalism* (Cambridge, 1998); Skinner and Martin van Gelderen(eds.), *Republicanism: A Shared European Heritage*, 2 vols.(Cambridge, 2002); Skinner, 'A Genealogy of the Modern State', *Proceedings of the British Academy* 162 (2009), 325—70; 以及 Skinner and van Gelderen (eds.), *Freedom and the Construction of Europe*, 2 vols.(Cambridge, 2013). Compare Darrin M.McMahon, 'The Return of the History of Ideas?', in McMahon and Moyn(eds.), *Rethinking Modern European Intellectual History*, 13—31; Armitage, 'What's the Big Idea?'。

[33] David Knowles, *The Historian and Character*(Cambridge, 1955).

[34] John Emerich Edward Dalberg Acton, *Lectures on Modern History*(London, 1906), 14.

[35] Elie Halévy, *Histoire du peuple anglais au XIXe siècle*, i: *L'Angleterre en 1815*(Paris, 1913); Robert Graves, The Long Week-End: A Social History of Great Britain, 1918—

1939(London, 1940).

［36］Kingsley Amis, *Lucky Jim*(1953)(New York, 2012), 9; David Cannadine, 'British History: Past, Present — and Future?', *Past and Present* 116(1987), 177.

［37］E. P. Thompson, *The Making of the English Working Class*(London, 1963); Eugene D. Genovese, *Roll, Jordan, Roll: The World the Slaves Made*(New York, 1974).

［38］Joan Wallach Scott, *The Glassworkers of Carmaux: French Craftsmen and Political Action in a Nineteenth-Century City*(Cambridge, MA, 1974); William Sewell, Jr, *Work and Revolution in France: The Language of Labor from the Old Regime to 1848*(Cambridge, 1980).

［39］Michel Foucault, *Discipline and Punish: The Birth of the Prison*(trans.) Alan Sheridan (New York, 1979); Jürgen Habermas, *The Structural Transformation of the Public Sphere: An Inquiry into a Category of Bourgeois Society*(trans.) Thomas Burger with the assistance of Frederick Lawrence(Cambridge, MA, 1989).

［40］Thomas Laqueur, *Making Sex: Body and Gender from the Greeks to Freud*(Cambridge, MA, 1990); Theodore M. Porter, *Trust in Numbers: The Pursuit of Objectivity in Science and Public Life*(Princeton, NJ, 1995); Miles Ogborn, *Spaces of Modernity: London's Geographies, 1680—1780*(London, 1998); Vanessa R. Schwartz, *Spectacular Realities: Early Mass Culture in Fin-de-Siècle Paris*(Berkeley, 1998).

［41］Florence N. McCoy, *Researching and Writing in History: A Practical Handbook for Students*(Berkeley, 1974), 3—6.

［42］Paul Bew, *Land and the National Question in Ireland, 1858—1882*(Atlantic Highlands, NJ, 1979); L. M. Cullen, 'Review', *The Agricultural History Review* 28(1980), 140.

［43］Rodney Barker, *Political Ideas in Modern Britain: In and After the Twentieth Century* (London, 1978); Leon D. Epstein, 'Review', *Albion: A Quarterly Journal Concerned with British Studies* 11(1979), 189—190.

［44］Arthur Schlesinger, Sr, *The Rise of the City, 1878—98*(New York, 1933); Donald Fleming et al., 'Arthur Meier Schlesinger: February 27, 1888—October 30, 1965', *The Journal of Negro History* 5(1967), 147.

［45］Daniel T. Rodgers, *Age of Fracture*(Cambridge, MA, 2011), 255.

［46］Bernard Bailyn, 'The Challenge of Modern Historiography', *American Historical Review* 87(1982), 2, 4, 7—8.

［47］R. R. Palmer, 'A Century of French History in America', *French Historical Studies* 14 (1985), 173—174; David Armitage, 'Foreword', in Palmer, *The Age of the Democratic Revolution: A Political History of Europe and America, 1760—1800*, new edn(Princeton, NJ, 2014), xv—xxii.

［48］Cannadine, 'British History: Past, Present — And Future?', 176, 177.

［49］Peter Novick, *That Noble Dream: The 'Objectivity Question' and the American Historical Profession*(Cambridge, 1988), 577—592; Jean-François Lyotard, *La Condition postmoderne. Rapport sur le savoir*(Paris, 1979), 7.

［50］Jean Heffer, 'Is the Longue Durée Un-American?', Review 24(2001), 137.

［51］William A. Green, 'Periodization in European and World History', *Journal of World History* 3(1992), 13.

［52］Rebecca Amato and Jeffrey T. Manuel, 'Using Radical Public History Tours to Reframe

Urban Crime', *Radical History Review*, 113(2012), 212—224; Jo Guldi, 'Landscape and Place', in Simon Gunn and Lucy Faire(eds.), *Research Methods for History*(Edinburgh, 2012), 66—80.

[53] Jared Diamond, *Collapse: How Societies Choose to Fail or Succeed*(London, 2005); A.J. P.Taylor, *The Origins of the Second World War*(London, 1961), 102.

[54] Jason Long, 'Rural—Urban Migration and Socio-economic Mobility in Victorian Britain', *The Journal of Economic History* 65(2005), 1—35; Long, 'The Surprising Social Mobility of Victorian Britain', *European Review of Economic History* 17(2013), 1—23; Joel Mokyr, 'Entrepreneurship and the Industrial Revolution in Britain', in David S. Landes, Joel Mokyr, and William J. Baumol, eds., *The Invention of Enterprise: Entrepreneurship from Ancient Mesopotamia to Modern Times*(Princeton, NJ, 2012), 183—210; Andrew Godley and Mark Casson, 'History of Entrepreneurship: Britain, 1900—2000', in Landes, Mokyr, and Baumol, eds., *The Invention of Enterprise*, 243—272.

[55] Patrick Joyce, *Work, Society, and Politics: The Culture of the Factory in Later Victorian England*(Brighton, 1980); Gareth Stedman Jones, *Languages of Class: Studies in English Working Class History*, 1832—1982(Cambridge, 1983); Joyce, *Visions of the People: Industrial England and the Question of Class*, 1848—1914(Cambridge, 1991); James Vernon, *Politics and the People: A Study in English Political Culture*, c.1815—1867(New York, 1993); James Epstein, *Radical Expression: Political Language, Ritual, and Symbol in England*, 1790—1850 (New York, 1994); Epstein, *In Practice: Studies in the Language and Culture of Popular Politics in Modern Britain*(Stanford, 2003).

[56] David R.Green, 'Pauper Protests: Power and Resistance in Early Nineteenth-Century London Workhouses', *Social History* 31(2006), 137—159; Green, *Pauper Capital London and the Poor Law*, 1790—1870 (Farnham, 2010); David Englander, *Poverty and Poor Law Reform in Nineteenth-Century Britain*, 1834—1914: *From Chadwick to Booth* (London, 2013).

[57] Philip T.Hoffman et al., 'Real Inequality in Europe Since 1500', *The Journal of Economic History* 62(2002), 322—355.

[58] Gareth Stedman Jones, *Outcast London: A Study in the Relationship Between Classes in Victorian Society*(Oxford, 1971).

[59] Johnson and Nicholas, 'Male and Female Living Standards in England andWales, 1812—1867', 470—481; Robert J.Barro, 'Democracy and Growth', *Journal of Economic Growth* 1(1996), 1—27; Jakob B. Madsen, James B.Ang, and Rajabrata Banerjee, 'Four Centuries of British Economic Growth: The Roles of Technology and Population', *Journal of Economic Growth* 15(2010), 263—90; Morgan Kelly and Cormac Ó Gráda, 'Numerare Est Errare: Agricultural Output and Food Supply in England Before and During the Industrial Revolution', *The Journal of Economic History* 73 (2013), 1132—1163.

[60] R.M.Hartwell, 'The Rising Standard of Living in England, 1800—1850', *The Economic History Review* 13(1961), 397—416.

[61] Sara Horrell, David Meredith, and Deborah Oxley, 'Measuring Misery: Body Mass, Ageing and Gender Inequality in Victorian London', *Explorations in Economic History* 46

(2009), 93—119; Sébastien Rioux, 'Capitalism and the Production of Uneven Bodies: Women, Motherhood and Food Distribution in Britain c. 1850—1914', *Transactions of the Institute of British Geographers*,(2014): doi:10.1111/tran.12063.

[62] Sara Horrell, 'The Wonderful Usefulness of History', *The Economic Journal* 113 (2003), F180—F186.

[63] Karl Gunnar Persson, 'The Malthus Delusion', *European Review of Economic History* 12(2008), 165—173.

第三章　长短论衡：20 世纪 70 年代以来的气候变迁、公共治理和社会不平等问题

　　以长时段思考历史与未来在专业史学之外极为流行，尤其是围绕气候变迁、国际治理和社会不平等问题。在所有这些领域，历史都被作为一种借以反思未来的工具。

　　谈到气候，科学家们总要以古鉴今，警示人类说破坏环境会影响整个地球的未来。蕾切尔·卡森(Rachel Carson)曾不断告诫世人，污染会对生态环境造成严重后果，数年之后，她结集出版了对人类的首个恐怖预言：人类若不改过自新，将面临全球大灾难。1968 年，美国生态学家加勒特·哈丁(Garrett Hardin)发表了开创性的论文"公地的悲剧"(tragedy of the commons)，将人口超载的地球比作过度放牧的荒野牧场。哈丁在文中提出地球的承载力是有限的，所以大多数人会被饿死，其叙事堪比圣经中人类被驱逐出伊甸园的故事。[1]保罗·埃尔利希(Paul Ehrlich)等生物学家早已明确指出，历史上物种灭绝的现象并非虚言，并表示担心人类未来也可能经历马尔萨斯式的检验、审判和绝望。[2]

　　20 世纪 70 年代，上述关乎未来的预言变得更加尖锐，因为此时多了一层基于数据的分析，政治辩论不断，人们也因此愈发地焦躁不安。1972 年，

新成立的全球智库罗马俱乐部在大众基金会(Volkswagen Foundation)的资助下发布了一份有关全球未来环境的报告,名为《增长的极限》(*Limits to Growth*),其中包括麻省理工学院的杰伊·福里斯特(Jay Forrester)创建的计算机系统分析模型,后者断言人口过剩、环境污染和资源枯竭将最终导致超越极限和崩溃。这本书一出版就卖出了1 200万本。与此同时,提交联合国人类环境会议的一份报告表示认同《增长的极限》有关厄运迫在眉睫的结论,报告呼吁人类不要再不计后果地追求所谓经济上的成功,并对以此为目标的科学和民族国家的所作所为表示谴责。[3]科学界、政府界和私人组织等各个领域也纷纷支持人类生态濒临危机的判断,齐声呼吁马上采取行动。

自20世纪70年代起,要求重新思考人与生态系统之间关系的呼声不绝于耳,且有一种类似末世论的长时段思维特征,先是将破坏环境的罪责加到工业化的头上,而后又悲悯人类行将毁灭的厄运。就在蕾切尔·卡森道破生态危机的机关前后,美国还经历了民间末世宗教的最后一次热潮,预示末世将至的故事广泛流传,其中颇为典型的要数哈尔·林赛(Hal Lindsey)所著的《消失的伟大星球:地球》(1970),竟成为20世纪70年代美国非虚构小说类中最畅销的一本。[4]正可谓科学预言驱动了美国民间宗教末世假想的新一波浪潮。

针对人类历史与未来关系的末世诊断甚至对科学界有关气候变化的话语产生了极大的影响,哪怕是伴随着人们对气候变化认识的加深、加细也依然如故。21世纪初,一种新的崩溃叙事悄然问世——显然是承袭了昆虫学家威尔逊(E.O. Wilson)有关蜂群崩溃的叙事传统——并把人类文明史比作使役过度的生态系统,其中最突出的更是把工业资本主义以来的历史与业已消失的复活节岛文明相提并论,断言整个人类终将毁灭。自20世纪70年代以来,人们已经累积了大量的科学证据,但思维却依然停留在末世将临的模式上。我们依照末世的逻辑进行推理,就好像我们生怕没有末日审判便无力凝聚人类的勇气以扭转当前不可持续的经济发展模式至可持续的发展模式,所以哪怕是科学家和著名学者也在惊呼,这是人类的"最后一个世纪",甚至"最后的时刻"。[5]

63 　　我们在此的目的不是要质疑科学界自20世纪70年代以来累积的证据,而在于提示读者史学界解读这类结果所呈现出的一些规律。从20世纪50年代起,有关气候变化的科学研究几经扩张,现已发展成为一种新的专业,明确了全球气候变化的事实,并能充分证明:人类不止面临严重污染和资源枯竭的威胁,危及整个地球上人类生存的问题还包括全球变暖及随之而来的海平面的不断上升。[6]现在的问题不是科学界缺少气候变化相关事件的数据问题。与此正相反,现在的数据量既大、种类又多,有关于历史事件的,还有关于气候变化趋势的。现在最大的问题是,所有这些宏大叙事都深嵌在末世论的框架之中。显然,更多的科学数据应该能够造就新的结论;而更多的历史解读亦应产出精微宏阔的元叙事(metanarrative)。[7]

　　事实上,经济学界早就开始批评科学界的时间观念。2006年,紧随由英国政府资助的《斯特恩气候变化经济学报告》的出炉,经济学家们便开始紧锣密鼓地批判科学话语中的末世警告及马上行动的呼声,因为在经济学家看来,科学家们在模拟未来可能的发展趋势时"假定时间折现率近乎为零时",也就是说,科学末世话语基本不考虑未来可能的偶发事件,比如企业家突然采用某种能源密集型技术,造成有害物体排放量的大幅减少。[8]甚至偏左翼的经济学家也主张,照当下的趋势,经济增长至少还可以不受干扰地持续50年(有的主张还要更长),而且仅凭某个理论就剥夺发展中国家可能的发展机会是不道德的。可见,至少在当下,经济学家对未来发展的预测与气候学家的主张是相左的。

　　气候科学家主张二氧化碳含量正在不断增加,很有可能引发气候灾难,所以必须马上采取行动。为对抗此说,经济学家提出了自己的历史观和未来观,强调自1700年以来,人类一直靠不断的技术创新从而实现了经济的增长。另有经济学家认为,不论气候科学觉察到前路有如何的风险,市场这只看不见的手终究会摆平所有的问题。[9]但问题是双方各持己见、互不相让，从不考虑其他人的意见。双方的立论都是基于各自学科有限的数据，而其有关历史发展的模式却不可协调。

问题倒不在于双方的理论孰对孰错，而在于双方在本质上都是还原主义的立论，因此只是卡通式的长时段思维，既乏开阔、又少细微，完全看不到其他的可能性。凡遇固执己见的还原主义的时间观——无论是环境科学家贾雷德·戴蒙德的末世论，还是获诺贝尔奖的经济学家道格拉斯·诺思（Douglass North）的丰饶无忧说——我们都很容易找到证据说明，科学家们在书写历史时并未核对原始文献。不过，要核对行为者、事件、职责和解决方案并在此基础上做全面的解读，其实也并非科学家的职责。就气候和经济而言，我们首先需要长时段的数据，要弄清是什么人最先注意到地球是变化的。第二个层面的分析是要厘清职责，即是什么人提出什么样的主张以改造地球的环境从而避免更大的灾难，为此就必须在历史与未来之间往返翻检思虑，廓清发展变化的缘由并依权重排序，然后从多个不同的视角且凭经验仔细检视，这样才能对灾难发生的前因后果做到描述充分得当，对其间的功过了如指掌。这样的历史思维模式、这样循历史的个案以求未来的改革之道，从未进入科学家或经济学家的视野，可算是史学的专利。

有关气候的长时段思考

但对环境表示担忧并试图有所作为，肯定是不该受责备的。气候科学家自1970年以来一直致力于发掘气候变化的规律和未来的发展趋势，首先可以肯定的是：如果人类确实要改变自己的行为方式，抛弃掉那些危害自身及其他生物的经济发展模式，就必然要对因果利害有所交待。历史地思考问题是重塑未来的工具，无论这种思考是采取以下的任何一种方式：与医生在病榻上畅谈童年的往事,集体反思国民或全人类在历史上所犯的罪过,重现历史上重大决策的过程,把政策制定放到具体的历史背景中详加拷问。[10]

出于上述原因,科学家们试图说明人类对气候变化是负有责任的,并呼吁人们为未来计立即采取行动,所以很自然地涉入历史思辨的范畴。在经济学家和气候科学家针对政策制定的论战中,历史成了双方都试图打出的王牌,目的是强化己方的论证,说明当今世界问题的本质并依此阐述可持续发展必备的条件。事实上,气候科学中的大部分内容并不是关于如何拓展新的生态或生物系统的模式,而旨在澄清历史问题。科学家们在当下花费大量的时间和精力试图确立一个造成气候变化的人为因素的各方都认可的时间表,人所共知,这分明是呼吁各国政府和国际社会改变现有的环境政策。2000 年,诺贝尔奖获得者大气化学家保罗·克鲁岑(Paul Crutzen)率先提出了"人类世"(Anthropocene)的概念,认定我们这个时代乃一新的地质时代,堪比此前的全新世或古新世。[11]澳大利亚史学家利比·罗宾认为,克鲁岑发明这一概念"在许多层面上都是一个大胆的主张",其中最重要的一点是,这是迄今提出的首个既涵括历史又指向未来——人类活动的累积效应——的地质时代。[12]这一概念的提出旋即引发了史学界的激烈争论:显著的气候变化究竟始于 250 年前蒸汽机的发明,还是 1.1 万年前狩猎文明的兴起及随之而来的动物的大规模灭绝,抑或是 5 000—8 000 年前的农业革命?[13]这里的问题重点倒不在具体的数字,而在于科学家们如何为历史事件确定因果关系。牛的驯化和水稻的栽培是否为砍伐此后数千年都难以恢复的热带雨林的罪魁祸首呢?谁能料想气候科学家的公开辩论本质上关乎史学的一场争端呢?

回顾历史确实能够提供气候变化大辩论中大部分问题的答案。有不少科学家强调实施"地球系统治理"或"碳(排放权)交易"(carbon trading),试图从人类历史中寻找证据,为筹划能够补救当前危机的政府组织或市场模式提供启迪。[14]比较典型的做法是仿效历史上其他的政府基础建设项目,其核心是不同的民族国家都有责任保护或延续生命,比如荷兰政府在近代早期实施的堤坝建设工程、美国在二战期间实施的曼哈顿计划、十年前世界银行组织的信贷项目等,最后一个项目据称是受到费尔南多·德索托(Hernando de Soto,约1496—1542)著作的启发。[15]当然,应对气候变化的整合的历史先例也并不都是中央集权的形式。事实上,气候科学家们已经开始设计应对气候变化人皆可行的一些具体做法,这些做法可以帮助改善大气层,还特别指出哪些是可持续的土地使用模式,还有哪些是根本不可持续的。[16]至于究竟有哪些可以选择的做法以及如何选择,新一代的生物学家、化学家和地质学家正在展开激烈的探讨。实际上,他们所积极从事的是制度史的研究。

与上述同样的动力也在改造着经济学。包括安尼尔·马坎狄亚(Anil Markandya)在内的经济学家正试图用历史思维之剑斩断经济增长与生态恶化的戈耳迪之结(Gordian knot)。借助此前一个半世纪英国规范经济发展与环境管理的经验和数据,马坎狄亚重新思考了环境法规的问题,并得出结论说,英国早在1821年就开始规范二氧化硫及其他有毒污染物的排放,相关措施"并未对人均GDP的增长造成显著影响"[17]。在此,马坎狄亚用历史数据驳斥了技术创新与生态保护不可兼得的悖论。[18]可见,历史研究足以拓展未来发展的可选思路,凭既有的历史和现实资料辨别哪些未来发展理论更切合实际,而历史上集体成功应对的先例为人类改变气候治理的思路提供了令人信服的理据。

后来,又有环境史学家加入了上述科学家和经济学家的队伍。借助于人类世概念的巨大推力,长时段的土地和水资源使用史很快问世,史学家已能颇为精确地记述历史上何时何地曾出现过恶劣的生态环境,是何原因,又是如何被克服的。研究表明,西方世界长久以来便一直遭受来自恶劣环境的压力,所以被迫不断转换新的能源补给方式,而正是在这一过程的驱动

66

下,西方社会转到了现代的民族国家体制,在当时俨然就是一种幅员辽阔、实力惊人的"国际政府"。近代早期的欧洲究竟是如何度过当时史无前例的生态灾难的呢? 史学家保罗·沃德(Paul Warde)试图为这一颇为相关的问题作答,因而发明了一种新的治史方法,使他不得不把三个多世纪鲜为人知的史料文献连缀在一起并建模从而形成大数据。沃德花了很多年的时间,从一个小镇到下一个小镇,四下搜索着近几个世纪以来所有违法犯罪的案例,然后把这类事件与气候变化联系起来,试图从中找到欧洲的先辈们是如何应对生态灾难的。这样重新梳理历史,沃德发现,遭遇环境恶化,一些新的治理形式便应运而生;抗击生态灾难之初,整个社会往往会陷入无政府状态,而后证明只有新的政府组织形式方能奏效。[19]

挪威史学家、地理学家、国际水史协会(IHWA)前主席泰尔叶·推特(Terje Tvedt)的研究为我们提供了一个历史上解决水荒或水灾的另类思路,对人类未来应对类似问题颇有启发。推特著述颇丰,曾主持出版过一套六卷本的人类水史,从古代中国的灌溉管理写到当代非洲的水资源争夺,涵盖甚广。[20]推特指出,在人类文明史上,要生存,就意味着必须对水资源和水害有相当全面的认识,由此,还可见水资源的利用是如何塑造了政权组织形式、军事战略、农耕格局、治理方法和工程建设等,而且此类形塑的过程往往以千年而不是以世纪计。推特在著作中述及危机与解困的多个例证,包括冰川融化、海平面上升、沙漠化、水资源争夺等。推特指出,当今时代人类经济面临的最大问题是海平面的上升。对推特而言,世界史的功用就在其为我们提供了多种偶发事件的案例和可能的应对措施,研究者的职责在仔细比照多种进路,而此类研究足以推翻此前近乎铁定的地理格局,说明未来的金融或工业中心并不一定就在沿海的深圳、伦敦或纽约,而有可能转移到水资源丰富的格陵兰岛或西藏。[21]

另外,面对类似的长时段的生存与危机问题,还有史学家开始应用大数据从事研究。此类研究表明,历史上的某些城市可能为未来的可持续经济提供新的发展模式，证明西方的历史并不完全符合资源枯竭的铁律。法国史学家萨宾·巴勒(Sabine Barles)和吉尔斯·比伦(Gilles Billen)对 19 世纪巴黎人的粪便、河道污染和氮素影响进行了考察，为此，他们从市政卫生管理部门和通关税收取部门收集了大量数据。为什么要通关税的数据呢？原来在中世纪的大部分时间里及至 19 世纪，市政官员总要在路途中收取乡下进城贸易车辆的通关税，这样，通过官员留下的通关税记录就可以了解到巴黎消费了多少食物。再结合巴黎自 19 世纪 60 年代开始的污水处理记录，一份绵延数世纪之久的完整的巴黎氮足迹(nitrogen footprint)就算齐了。[22] 有了这样的文献和线索，我们能够讲述的近几个世纪的先辈们处理人与土地之间关系的故事也就丰满了。

68

过去几代人生活的数据资料当然有助于我们看清未来可持续发展的轮廓。巴勒猜想，就当地的农业和废物回收利用系统而言，虽然当时仅为 19 世纪，但巴黎这座实行资本主义制度的城市可能比当今 21 世纪的城市更具可持续性。巴勒在撰写历史研究论文时，心目中的读者是制定发展政策的人。事实上巴勒只是众多研究 19 世纪城市史的史学家之一，因为这一时期的大城市发明了废物回收利用这一可持续发展模式。[23] 19 世纪的巴黎是否树立了一个值得我们回归的城市发展的典范呢？在那里，娱乐、消费和全球贸易均生机勃勃，但肉蛋食蔬却只靠附近的农场就能得到供给。无论如何，历史研究的贡献就在于它能够拓展新的可能性，为未来政策的制定和市场的发展提供更多的选项从而拓宽，可持续发展的思路，而不是必须采取碳交易和地球系统治理的模式。

来自深度历史和近期历史的事例同样能够拓宽我们的治理思路，因此，如今有不少史学家致力于搜集、描述历史上那些对现今有着卓越影响的边缘运动。琼·瑟斯克(Joan Thirsk)翻阅了五个世纪的历史文献，试图从中找到类似当今时代的历史时刻，也就是说面对来自各方面的压力，人们不得不围绕土地和水资源的使用寻找更具可持续发展的农业经营模式。保罗·

B.汤普森(Paul B. Thompson)曾对环境保护、有机农业和可持续建筑等历史资源做了精彩的概述；马丁·莫里根（Martin Mulligan）和斯图亚特·希尔(Stuart Hill)写了一部有关永久培养(permaculture)的历史。[24]诸如此类的历史叙事发挥了一个重要作用：它们为新时代的运动注入了动力，为一线的科学家和决策者指明了可能的未来发展方向，而新可能性的开辟和另类模式的开启在当今世界可谓具有革命的意义和潜能，因为当下人们的思路似乎无法摆脱气候变化引发终结或看不见的手解决问题这两种模式。一时69间，历史文明和近年来的环保主义者似乎找到了养活所有穷人的可持续发展之道，寻得了拯救在上升的海平面中落难百姓的济世良方，只要我们有足够强大的政治意愿。这样一种希望的讯息，这样一剂同舟共济的良方，对那些饱受末世景象煎熬、困顿于理性选择的心灵不啻为巨大的心理安慰。作为我们这个时代合理行为的良药，史学就是要我们运用历史的全部知识——而不是虚幻或教条——并以此为工具去共同塑造未来。诚如利比·罗宾所言：

> 如此，未来便不再是命定的，而在于我们自身去"创造"……这样的话，我们就必须调动我们全部的创造力去塑造未来：科学、经济、历史和人类的想象力。没有人能够真正地预测未来，但想象力却足以让我们明晰历史与未来的关系，以及当今人类的处境。[25]

历史是过去与未来之间的纽带。历史绘制的画卷不止包括得意洋洋的资本主义幻象以及气候变化扬起的末世烟尘，里面还有更为现实的通向未来的路径，这当然取决于我们究竟想要生活在一个什么样的世界。历史帮我们开辟新的思维，摆脱惊悚的旧日噩梦："人类世……绝非人类狂妄自大的寓言，而是对全体人类发出的一声召唤，要我们认识到自身有足够的潜能与实力管好地球并塑造未来。"[26]

为修复断裂的长时段叙事传统，我们的时间思维不仅要呈现积极的未来观,还需谨记阻止我们前行、妨碍我们建设更具可持续性生态文明的绊脚石。为此,史学家们已经开始了积极的工作。历史还可以帮助我们纠错,让我们认清究竟是什么给我们带来那么多的伤害,或是什么人用不那么激进的手段使我们革命的脚步放慢。约书亚·J.耶茨(Joshua Yates)初步梳理了近几十年来可持续发展观念的演进史,我们由此得知,相关讨论原来出自哥伦比亚商学院之类的机构,此类机构还培养了一大堆"首席可持续发展官员"(chief sustainability officers),并许诺要保护人民、保卫地球、保障繁荣,但其手段却仅限于改变世界精英的消费模式。[27]他们只是代表少数精英编码稀缺资源以阻止气候变化对其生活带来恶劣的影响,而根本顾不上考虑这对世界上大多数人会有什么后果。当然,这一做法是有来历的。参与其中的有多个机构、个人和教育项目,正是这些机构、个人和项目塑造了所谓"绿饰"话语。而通过回顾历史,我们就可以有意识地通过其他机构选择未来,比如澳大利亚的农业拓展项目就试图彻底改造小农的生产经营模式,远离化肥和杀虫剂,趋向永久培养模式。[28]

歷史的视野愈开阔,便愈能得见更为清晰的发展前景。瑞典史学家安德里亚斯·马尔默(Ardreas Malm)和阿尔夫·霍恩伯格(Alf Hornborg)认为,保罗·克鲁岑有关气候变化论述中的核心是蒸汽机的发明和广泛使用。从帝国史和资本主义发展史来看,自蒸汽机问世始,并不是全人类都经历了污染日趋严重、农业大发展和消费不断提升的发展轨迹。马尔默和霍恩伯格对数十年来有关资本主义和帝国本质的微观历史研究进行了梳理,发现只有一小部分西方精英家庭和企业参与了上述开发,所以该当气候变化的罪责。马尔默和霍恩伯格这样写道:"当时的人投资蒸汽机技术是为了捕捉以下的发展机会:新世界的人口稀缺、美洲蓄养了大批黑奴、英国本土的工厂和矿井需要大量劳动力、全球对廉价棉布的大幅需求。"所以说并不是整个人类都要对气候变化负责,或者说有同等的责任使气候恢复正常。马尔默和霍恩伯格解释说:"有相当比例的人口从未参与化石经济,因为有数以

70

千万计的人家庭取暖或做饭只烧木炭、木柴或粪便一类的有机废物。"[29]

西方政治治理史上有一段这样的故事：统治者雇用各个方面的专家——如土木工程师、林务官、农学家等——参与土地治理，而处处贬低当地原有的匠人或智者。从事这一方面研究的史学家强调，这种资本主义的经营模式、民族国家的政治模式和地主统治的管理模式与过去两百年间人类世的环境破坏有直接的关联。由启蒙时代欧洲兴起的所谓"改良"（improvement）信条可知，这一时期有关阶级和种族优越的新观念，再加上上述的经济手段，正是工业化时代初期土地迅速集中到少数地主手里的重要原因，这样就形成了一种权力与环境开发联姻的新的意识形态。[30]

伴随历史证据的累积，再把我们目前的环境困境与下述风马牛不相及的观点联系到一起就不能成立了，即所谓人类自生物进化起就是一个性本贪婪且极富毁灭性的物种。马尔默和霍恩伯格写道：

> 偏居西方世界一隅的少数资本家投资蒸汽机并因此奠定了化石经济的基础，但并不是全人类都举双手赞同或亦步亦趋地加入机械化的队伍。牵强附会地在极遥远的历史中寻因"就好像是说日本战机的飞行员大获全胜是因为史前人类学会了双目视物、进化出了对生拇指一样可笑。我们期待着找出更直接的原因"，否则便不予理睬……将气候变化归因于人类的本性注定一种空泛的解释。换句话说，用跨历史的——尤其是泛人类的——驱动力来解说历史上的质化变革是不可行的，比如说用蒸汽机驱动的机械生产商品并在全世界范围销售这样的重大变革。[31]

如果马尔默和霍恩伯格的说法成立的话，那么气候变化史就指向了另外一个发展方向，即要从那些发达国家和大公司中寻找导致气候变化的原因：究竟是谁对气候变化危害最大并从中获益最多？

遇到此类案例，历史确实能够为我们描绘一幅完整的政治经济架构全图，我们可据以驳斥既有的观念，即对工业实施监管、对利益集团征税会阻碍经济增长。历史研究还会打破20世纪90年代的政策僵局：一方为环保学家，主张加强监管和国际合作；另一方为经济学家，强调自利、技术创新和解除管制乃势在必行，并许诺用不了多久，一切问题将迎刃而解。主要是因为史学家积累的有关长时段大量证据，上述僵局便被化解。经济学的历史证据充分表明，在有监管的条件下，经济增长还是可能的。历史思辨还铺就了系统治理之道，据此，从气候破坏中获益的利益集团将得到惩处。

伴随历史因果、历史动因和另类发展模式方面历史研究的深入展开，我们得知，所谓"公地的悲剧"其实并非确定不移的规律，而是历史上西方少数精英建构的有关破坏公地的原理和条件，其实只是出于他们自身的目的。[32]我们还了解到，诸如"地球承载力"、"人口过剩"或"人口"之类的概念本身就有一种殖民甚至宗教色彩，是精英们借以对野生动物、土著人和原住民实施管理的工具，说什么这是上帝对懒人的惩罚。这怎么会是当初想象的真实的自然法则呢？[33]回顾诸如此类过时的观念，证明其间更多的是古人的偏见而不是事实，历史为我们提供了具备评判反思精神的话语，让我们能够重新思考未来，并同时揭露历史上的偏见和懵懂过时的思维。

上述罗宾、耶茨和汤普森的历史研究最具批判性。他们确认了游戏的发明者、游戏规则的出处和其中存在的自相矛盾之处。批判史学是当今大多数史学家都曾接受过的专业培训的一部分，它的功用在于帮人认识哪些逻辑是可靠的，而哪些必须抛弃。批判史学全身浸润着"怀疑的诠释"（hermeneutics of suspicion）精神，与微观史学一样，虽不过是20世纪70年代的产物，但其丰富的遗产至少可以追溯到卡尔·马克思。批判史学被应用到多项研究且硕果累累，比如揭露机构腐败，即寻找被毒化的话语中那些秘而不宣的内涵；揭露所谓的救世主，证明其不过是骗子；剥落未来皇帝的虚伪面具。迄今，批判史学已有很多高质量的研究成果。内森·塞尔（Nathan Sayre）告诉我们，"承载力"（carrying capacity）这个概念最初是用于船舶的，就是说船的载重量过多就会下沉；后来这个词被用来谈动物数量，具体而言就是英国殖民者要对狩猎保护区内动物的数量进行监测；再后来便由殖民动物管理转移到土著人口的管理。[34]其中暗含的逻辑是土著人口需要自上而下的政府管控。艾丽森·巴什福德（Alison Bashford）和马修·康纳利（Matthew Connelly）有关国际政府历史的研究与此相近，主题也是人口管理和新马尔萨斯主义。[35]历史研究表明，在人类实施的所有形式的管理中，人口管理是最有可能出问题的。

73　　　这种对事实与虚构的历史梳理对国际政策的制定具有重大意义。事实上，这种形式的历史思辨与1987年以来大多数国家抱持的国际政策直接抵牾，因为在这一年，联合国环境特别委员会（或称布伦特兰委员会）在报告中提出发达国家不应该承担改善气候状况的职责，原因是发达国家目前正致力扶助全球南方各国实现工业化。[36]在这一事例中，类（species）的思想——坚持全人类必须合作应对——实际上是西方精英的一个托词，目的在于否认自己必须对气候变化作出反应；而历史思辨——尤其是印度和中国精英认同的后殖民史——轻松摘掉了西方经济理论温情脉脉的面纱，让世人看出这是为无所作为寻找的借口。

有关国际治理的思考

　　　历史思辨的力量还不止在质疑环保方面的国际政策，它还能够颠覆国际治理方面的成论。在国际治理问题上，回顾历史同样是所有人共同的话题。回首过去的半个世纪，许多历史学家都认为社会主义已经偃旗息鼓，用史学家安格斯·伯金（Angus Burgin）的话说，就是经历了一场"伟大的说服"：欧美自由主义经济学家建立起来的多个智库近乎异口同声地宣讲、传播由自己编造出来的所谓自由市场经济原理，甚至有良知的经济学家自己都不信，其实不过是在为美国的大企业、大公司等利益集团游说鼓噪。[37]在经历了 20 世纪七八十年代制度之间的混战之后，世界进入了一种新的所谓"全球化"或"新自由主义"时代，其特征是社会主义及工会组织加速消失，共产主义轰然崩溃并从此不再作为一个可能的选项，一大批诸如国际货币基金组织（IMF）、世界贸易组织（WTO）、世界银行、七国集团、八国集团等超越民族国家的国际组织机构应运而生，号称要在全世界范围拓展信贷、贸易和创业精神。[38]在这一发展模式中，全球大公司、技术和民族国家政府携手并进，俨然不容置疑的天然堡垒且是唯一灵验的治愈多种社会病的良方。比如，正是本着这种思想，谷歌的首席执行官及其智库谷歌思想（Google Ideas）的主任提出，高科技乃民主国家政策的盟友，对消除贫困、开放传媒、促进选举乃不可或缺。[39]就这样，提供未来发展解决方案的不再是改革家或活动家，而是企业家和首席执行官。

74

　　直到最近，媒体记者或政策制定者都很少把制度看作是历史演进的产物，认识不到制度是可以被质疑的。这种转变可谓具有历史分水岭的意义，其内涵和效能颇值得从长时段变迁的角度加以批判地省思。结果，参与制度问题讨论的大多是机构内部的主要官员本身，他们毫不犹豫地提出，新的历史时代必然出现新的制度，但却不去审问那个历史时代已经有过哪些作为。所以，至少在美国人看来，"社会主义已经死亡"。比如，亨廷顿就提出，欧洲与欧洲以外的世界长时期的斗争还会持续下去，将来亦如是。弗朗西斯·福山认为，苏联的解体标志着"历史的终结"，因为此时的世界再无法想象比资本主义更优越的乌托邦。[40]这种历史认知真的符合实际吗？我们又如何得知？

　　诸如此类的主张现在正接受政治学家的考评，他们搜集到有关世界文化和制度的新的长时段大数据，希望借此拷问相关理论中的文化冲突是否不可避免。因为亨廷顿在 20 世纪 90 年代预言了"文明的冲突"，所以时下的政治学和国际关系专家正试图用数据来衡定国家间冲突的频率和性质，但相关分析就冲突的性质或历史发展的轨迹并无共识,虽然有不少学者认同经济援助、经济增长与民主存在正相关的结论。[41]事实上,很多学者都怀疑亨廷顿所谓的"文明"概念是否得当,因为亨氏显然是借鉴了维多利亚时期人类学本质化的等级制的世界观,而用这样的概念界定当今全球化的世界显得非常可疑,后者明显出现了不同以往的特征,即跨国教育、跨国贸易和跨国移民。[42]所以,虽然20世纪90年代及21世纪初的相关研究搜集到了大量数据且影响巨大,但却一点也不令人信服。那么,我们还能到哪儿去寻找向导呢?

75　　　不同于上述研究的另一条进路是历史研究,即我们可以借助历史的力量去寻找另类的治理模式。大卫·格雷伯(David Graeber)的《债务:首个五千年》(2010)即为一显例。虽然自玛格丽特·撒切尔(Margaret Thatcher)时代以降的国际研究学者均主张没有什么方案可以替代资本主义,但格雷伯却证明资本主义的债务概念其实不过是一种反复出现的文化形式的近期例证,主要是针对个人的债务,根据历史文献记载,债务体系通常是一种跨代的、跨大陆的奴役链条,有些人彼此之间都不认识,却在出生前就背负了对他人的债务。通过研究,格雷伯发现在佛教寺院和某些基督教先知教派确实存在不同上述的另类模式,即他们会定期地取消债务,从而斩断债务链条。格雷伯据此建议在当今时代实行这种债务定期减免制,这样,发展中国家便可以摆脱对国际组织的债务,美国的大学毕业生和工人阶级消费者也不至于被债务压得永远喘不过气来。格雷伯的研究基于对多种不同性质经济体系的分析与综合,如马达加斯加的土著经济、夸扣特尔(Kwakiutl)印第安人经济、美国内战前的跨大西洋奴隶贸易等,而所有这些经济体系都不是静止不动的,而是摩肩接踵、相互作用,共同构成跨洋的贸易体系。通过这样的描述,格雷伯说明各种形式的金钱关系,从简单的送礼到彼此的债务关系,都有颇为悠久的历史且彼此间多有差异,债务人和被奴役者在无力承受时也总有解决的办法,比如引证预言或发动革命等。多个微观的细节连缀成宏大的世界图景，一个比人们先前抱持的图景更为宏大的世界图景。[43]

诸如格雷伯之类的债务研究确能打破人们先前抱持的有关债务结构永久不变的幻象，对秉持参与和机会的民主体制颇有裨益。亨廷顿和福山总喜欢把历史塑造成一种简单清晰的西方取胜的寓言，但只有长时段的历史图景才有可能让我们顿开茅塞，看到不同于我们自身体制的另类社会组织的方法。如果我们放开国际政治史研究的视野，我们甚至会看到不同于我们自身政治体制的另类体制，而后者的加入也会丰富民主的内涵。比如，人们常说"威斯特伐利亚"民族国家体系实为历史发展的必然，所以自18世纪末传遍全球，成了唯一普世的治理形式。但新的数据调研已经对上述观念提出质疑，因为根据此说，每个人都必须是——或愿意成为——民族国家的一员，而且地球表面的每一寸土地都属民族国家所有且为民族国家所掌控。[44]但这样一种模式真的会在21世纪长久驻足并激发起人们的乌托邦想象吗？

就在离我们最近的几十年里，人们曾几度试图建立所谓世界政府，当然思路和主张也颇为不同。国际联盟(League of Nations，简称国联)曾试图建立永久和平，采取的方法是民主政府的多元协调。诚如马克·马佐尔(Mark Mazower)指出，20世纪40年代的领导人相信民族规划和多国集体参与国际决议的力量。联合国(United Nations)在此基础上有所发展，增加了专家治埋引领发展中国家发展的内容，有国际劳工组织(ILO)和粮农组织(FAO)选送的合作专家和土壤专家参与地方治理，也有住房和教育专家负责在全球传播知识。世界银行的原初设计也是为了扶助上述世界政府并致力提升发展中国家的经济，但自20世纪70年代起，世行又开启了一个新的实验思路——向发展中国家大幅发放国债——显然是要扶助拉美、非洲和南亚各国加强基础设施建设。事实上，世界银行的崛起标志着朝向一种新型国际政府的转型，而根据这种新思路，国际金融，而不是提升税基，就能够提供大规模建设所需资金。[45]然而据资料显示，大约在1970年前后，这种支撑民

76

主的国际政府诺言破产了。此后的国际政府,无论其具体形式为何,均采取有利于大公司和既得利益集团的运作方式,而不是促进发展或推进民主。

那么在当今看来,国际政府是否有未来发展的前景呢?而今,包括巴西、俄罗斯、印度和中国在内的(BRICs,即"金砖四国")很多正在崛起的国家愈来愈脱离国际政府的框架。而与此同时,各式各样的全球运动和群体抗议行动可谓风起云涌,如"阿拉伯之春"(Arab Spring)、占领华尔街(Occupy Movement)、西班牙的"愤怒者"(Indignados)运动、伊斯坦布尔、基辅和伦敦的内乱等,而再往前推,则有千年发展目标(MDGs)、争取人权运动、非政府组织的崛起、另类世界主义(Altermondialism)和农民之路(Via Campesina)等农民运动。诸如此类的运动能否为全球治理指引一个新的发展方向?当今史学家正通过严肃认真的历史梳理回应这一问题。史学家发现,自20世纪70年代以来,跨国传播的民众运动有某种上升的势头,并特别指出常被媒体或政治科学所忽视的某些机构或团体,比如巴西的"无地人民运动"(Movimiento Sin Terra,简称MST)就是一个成功的案例,其纲领颇有民主性,是由无地农民自发组织起来的争取生存土地的农民运动。[46]

至于企事业与技术之间的关系,可供我们参考的历史叙事就更多了,我们由此可以看出在民主至上的社会背景下,自由市场或经济增长是如何实现的。自18世纪始,国家开始将诸如公路和铁路之类的新技术视为公共资源,并通过行使国家征用权(eminent domain,又称强制征购,其理论依据是国家征地是为了公众利益)对公路和铁路建设实施补贴,同时通过降低关税和颁布行政命令等措施强制筑路企业照顾到弱势群体,比如把路修到贫困的内陆地区。自此,很多大国都经历了由政府主导的建筑和自由改扩建等多个发展阶段。[47]由此可见,从长时段加以审视,我们就能够提出技术、自由市场与经济增长的关系问题。

从人口普查到互联网,服务于全球民主的多种技术启示我们:国家政府还可以通过其他方式实现技术的普及化和民主化。在我们这个时代,有些技术就可以用来拓展政治和市场参与,比如,有"公民科学"(citizen science)群体热衷的对生态灾难的参与式制图,对话和民主程序扫描,廉价和免费宽带服务深入乡村和贫民窟,强制网络中立的到位以促进各级各类的企业创新,旨在实现互联网域系统民主化措施的落实以摆脱互联网名称和数字地址分配机构(ICANN)至今仍为私营的窘境。针对诸如此类的运动,哪怕是初步的历史扫描后便不难发现,创新,甚至包括互联网本身的发明,都与国家投入和具有广泛基础的政治参与密不可分,而那些创新者或发明家当初往往与当权者并无联系。[48]史学家还发现,这种适合于参与式民主的技术其实历史更为悠久,甚至可以追溯到 20 世纪最初的几十年,那时就出现了多个参与式的民间组织,比如英国的大众观察(Mass Observation)组织采集了大量有关失业问题的数据,另有不少公民科学家发起了情报战,目的是保卫大不列颠免遭法西斯主义的侵害。[49]

随着此类历史研究的深入展开,史学家发现了不少类似上述"未选择的路",当然也包括排斥民主参与的专家治理之路。比如,有史学家发现,大量证据表明,在英国对印度水利和埃及疟蚊的治理过程以及公共卫生史中,存在压制民主的现象,即以专家治理的名义排斥当地人参与讨论和决策,理由是后者的种族和阶级地位不符合规定。[50]史学家还证明,非政府组织的崛起与工会、邻里群体甚至某些政党不断遭到排挤有关,排挤的结果是实施新工程——无论是扶贫、教育还是环境改革——的真正财权并不在选民的手里。[51]甚至还有历史证据表明,经济学家在高层决策中地位的提升与上层注重提升国内生产总值有关,而与此同时,就业、卫生、教育和政治参与却遭到冷落。[52]

有关气候变化问题,历史数据不止提供了可供效仿的治理模式,还包括必要的警示,即现今的治理模式太过重视国内市场的技术垄断,因为这样做是有很大风险的。美国铁路史的研究表明,政府支持不加规范的私营公司的运转会导致资源的过度拓展,因为哪怕资本再雄厚、投资额度再大,也不

78

79　可能有那么高的回报率。结果,铁路大亨们发了大财,而数以百万计的投资新兴城市的家庭从一开始就注定要输得很惨。[53]最近,另有国家垄断史的研究表明,大公司的发迹与美国在拉美、菲律宾和越南建立警察国家的血腥历程有关。[54]

社会不平等

　　谈到社会不平等,尤其是贫富两极分化,是谁或什么造成了社会不平等,我们是否还有不同以往的出路,这类话题无疑会让讨论变得白热化。有人提出,我们现行的体制是人类唯一可能建立起来的体制,舍此无他途。此说虽从长时段立论且流传颇广,但确有不实之词。当今时代浓缩了众多不实之词且影响广泛的神话之一是有关社会不平等的。它有两个主要的变体。其一乃基于经济人类学的立论,认为自灵长目动物以降,凡动物群居则必然产生一个类似"大哥大"(alpha male)的头目,所以说不平等乃人所共知且根深蒂固、千古不易的人的本性。[55]另一有关社会不平等与历史发展的宏大理论出自哈佛大学教授、冷战时期的著名经济学家西蒙·库兹涅茨(Simon Kuznets),当时他还受雇于美国陆军部。库兹涅茨的数据来自大萧条时期至20世纪60年代的美国,他从中觉察到,对大多数美国人而言,此间出现了生活水平持续上升的趋势,所以据此提出,在一个资本主义的民主国家,社会不平等现象会很自然地消失。[56]如前所述,在1970年之后的30年间,由于历史和人文学科逐渐淡出公共领域,所以类似上述的宏大理论在政策制定者中间和学术界畅行无阻、无人敢质疑。如今,伴随长时段思维的回归,学者们对上述宏论提出了质疑,他们的优势是手里有长时段的历史事实和数据。

　　而数据有能力改造理论。针对这一点,且围绕资本主义制度下长时段经济发展中出现的不平等问题，经济学家托马斯·皮凯蒂在其新著《21世纪资本论》中做了生动的阐释。[57]在该书的《导言》中，皮凯蒂直言，他之所以搜集有关不平等的长时段数据是因为有人对他说大多数经济学家接受库兹涅茨的理论，将其奉若定则，即从长远来看，资本主义制度会减少社会不平等现象。[58]库兹涅茨的证据是大萧条之后至二战后经济复苏期间至多不过数十年的经济发展数据，而不是数世纪——这是后来皮凯蒂搜集数据的时间尺度——的数据，而库兹涅茨生活于其中的那段从萧条到复苏的期间堪称过去两百多年里经济发展最为迅速、不平等下降最快的年份。[59]由是，皮凯蒂开始考察过去两百多年间法国、美国、英国等地的社会不平等现象及其发展趋势，他很快发现，所谓资本主义制度下不平等下降的趋势其实是不同寻常的。因此，皮凯蒂的长时段研究动摇了经济学家抱持的偏见和所谓定则，用数据证明了他们所谓确凿的真理实际上不过是建立在偶然现象之上的臆说。

80

皮凯蒂研究的特点是搜罗大量数据并对其进行相互比对。他有关不平等现象的数据来自五个国家，即法国、英国、美国、德国和瑞典。有些年份没有具体的数据，则比照其他数据进行估算，并且顾及不同国家的记账方式不同而有所调整，或者当人口财产调查发生了变化，甚至要回推数十年。英国的《金融时报》曾对皮凯蒂的研究方法提出质疑，但显而易见，这种调整数据的做法首先让我们对政府所提供数据的性质进行拷问。《金融时报》质问，政府的数据显示当时的精英阶层占有全社会35％的财产，为何皮凯蒂要坚持认为当时占1％的精英占有全社会财产的70％？皮凯蒂公开驳斥说，他已经深入思考过类似问题，相关的发现可参阅他撰写的论文。举例来说，当时英国政府提供的数据是基于当事人自己的申报，其中并不包括某些当事人隐藏在海外的大量财产。[60]

这种批判性的数据分析在历史院系有着悠久的传统，至少可以追溯到20世纪70年代西奥多·波特（Theodore Porter）和伊恩·哈金（Ian

Hacking)的相关研究,后者证明政府数据中的界定,比如"失业人员"、"普通人"等,常常是别有用心的,他们将对工人阶级的补偿、社会福利甚至政府改革之类的问题大事化小,其目的在粉饰太平。[61]但若对这类"普通人"和数据列表进行长时段、批判性的解析,我们就有可能推翻旧有的偏见,认识到政治的格局、社会财富的分配并非现实那般不可改变。当初布罗代尔从事长时段的研究,就是想要达到这种让世界重新省思的目的。

81   皮凯蒂那本专著的力量就在于,他用坚实的数据揭穿了库兹涅茨经济学理论的片面性和不足,毕竟后者的结论只基于短期的数据。自20世纪70年代起,经济学陷入了一场几无休止的围绕提升技术与生产力后果的讨论:更多的创新必然带来更多的财富,并为所有人挣得更多的闲暇吗?抑或技术创新将现代人拖入欲壑难填的消费漩涡?因为更多的消费品意味着更多的时间和精力投入,而且伴随现代城市的不断扩张,甚至普通的工人也不得不拥有一辆上班用的汽车。[62]此外,皮凯蒂的著述可谓合作研究的一个代表,只有合作才有望廓清发达资本主义条件下收入不平等问题的前景是什么,现实又是什么。而今,在皮凯蒂和伊曼纽尔·赛斯(Emmanuel Saez)的领导下,巴黎经济学院业已公布了全球范围的长时段顶级富豪数据库,并借助公共税务记录,继续统计自1900年以来的各国富人的收入情况。[63]

皮凯蒂的专著,用他自己的话说,"既属于经济学,又算是一本历史著作"。这部著作说明,史学家使用恰当的数据,完全有能力与本专业之外的政策制定者和公众进行对话。[64]史学有能力开启重大的理论探讨,证明先前被视为不言自明的真理的东西其实只不过是未加检验的偏见。结果,皮凯蒂的著作《21世纪资本论》打破了那些社会治理者的核心信条,尤其是对那些2010年参与华尔街救市的负责人来说可谓别具一番滋味。这部历史著作激励人们探讨的核心问题是资本主义的本质和未来发展问题,而其核心的方法便是长时段,在这场争论中,长时段的分析战胜了短时期的数据。

神话的广泛流传

当今时代仍有很多错误的历史在广泛流传，而这正是我们深陷短期思维危机的主要原因之一。面对海平面的上升、治理思路混乱、社会不公平盛行，我们只能想到用极其简单的方式去解决所有问题，而很少有人能够颇有威信地告知我们整体图景是什么。其实，还原主义的历史书写也是有着自身传统的。有关气候变化、公共治理和社会不平等现象的梦魇般的想象和原教旨主义的神话广泛流传之时，恰是史学堕入愈来愈狭隘的视野之际。

随着短期历史成为历史话语的主流，长时段的历史似乎成了一种类似古董的叙事方式，只有那些元老或业余爱好者斗胆偶一为之，完全不适合现代的史学学子们效仿，因为后者要爬梳史料、立论著书。难怪有人指责社会史完全抛弃了政治、权力和意识形态，社会史家也因此变成了一群"坐在平流层中间的怪客，完全脱离了现实"。[65] 久而久之，短期历史不止成为一种治史的方式，更成为众多人眼中唯一的史学正路。

20 世纪 70 年代末，长时段史学业已变得黯淡无光，甚至肮脏丑陋，稍微知趣一点的史学家绝不肯靠近。可以想见，那些斗胆留在长时段阵营的史学家们经受了多么大的压力，因为在冷战期间，总有读者被五花八门、完全无法协调的史学观点——当然这在当时是史学的主流——所困扰，因此要他们对这些问题作出解释。卡洛琳·韦尔（Caroline Ware）的个人经历即为一显例。当时她的职位是联合国教科文组织委托撰写的多卷本《人类史》（*History of Mankind*）的编辑，整套书从构思到最终完成历时十余载（1954—1966 年）。韦尔的一卷初稿完成后交联合国教科文组织的各国代表审阅，结果引发了一场激烈的意识形态战争：苏联和法国的评议人，新教和天主教的审定者，都提出要联合国教科文组织改写其中的相关章节，要该书

82

能够反映其各自国家的意识形态和对世界历史的理解。而韦尔则认为,她撰写此书是代表国际治理机构,著述的成败取决于作者能否找到一种共产主义者和资本主义者都能接受的新的综合,但这种超越分歧的初衷在当时却是完全无法实现的。评议人的游说之声不绝,写书人几近绝望,认为根本没有可能在既定的框架下书写一本简要的历史概述。韦尔在一封信中写道:"要书写一部20世纪的历史简直是不可能的。"[66]代表国际政府书写历史带来的沮丧使长时段史的前景愈发黯淡。虽然绝望,但韦尔最终还是要在言辞上做出妥协,而专事梳理档案的微观史家却可以完全不理这一套。诸如此类的惨痛经历,是整整一代的史学家退出长时段研究的某种理据。

83   总之,从此以后,史学家作为一个整体拒绝对未来进行任何思考,与正当其时的微观史相对,"肮脏"的长时段堕落为媒体记者或学究们才乐于使用的工具,根本算不得一门科学,历史老师也很少让学生去读,几乎不屑谈论,更无人效仿。虽然微观史的著作丰富了人们对农民生活的理解,了解到心理可以有多种冲动,或是公开的,或是私密的,认识到人类经验的建构性特征,但在书写微观史的同时,史学家却抛弃了史学的修辞特性,远离了道德评判,后者只有史学以外的人士才偶尔玩味,以瞻望长时段历史发展过程中可能的另类社会建构。

在一个意识形态纷争激烈的时代,社会科学家们对国际治理机构愈发怀疑,因为他们不再相信有所谓超越民族国家的中立的或有效的意识形态,与此同时,现代化理论也开始枯萎并最终因无法兑现其承诺而寿终正寝,先是在拉美,然后是在东南亚,尤其是在越战之后。[67]学者们所参考的书目也不同于前一代人,更多的是有同行评审的期刊论文,而鲜有来自国际组织机构的那种大部头的灰色文献。退却显然是全方位的:学者们不再为世行担任顾问,也不再书写供政府领导参考的长时段历史。因为史学家、人类学家和社会学家不再为世界政府机构撰写文字,也拒绝在此类机构中任职,经济学家便乘虚而入。除了在历史院系,学术上丢失有影响的机构受众还有其他多种表现。整个社会科学界涌动着一股艳羡科学(science-envy)的暗流,所以建模成了时尚;博弈论日盛,所以更多的人在谈论理性行为者。总之,学者们退回到了个体和抽象,而不再关注集体和现实。政策驱动的研究往往注重个案,这种注重个案的方法先是从法学院(该方法在19世纪即已在法学中确立)流传到商学院,再到政治系,就像医学中的个案处理一样。[68]所以说婴儿潮时期出生的那一代人确实为史学家提升专业素质、更好地理解世界做出了不少贡献,但这样做的代价是史学家失去了对话治理机构的能力。

　　由是观之,20世纪70年代至2005年前后,英语世界史学的大趋势是整体陷入了道德危机,史学家的视野纷纷向内转,而不再关注全球问题,更无力提出关乎未来发展的另类途径。此时的史学家最看重的是专业工具的精微和对社会正义的多种理解,但这样做的同时却把史学引入了注重微观细节的模式,发挥到极致,索性提出史学根本无所谓实用价值的主张,认为史学家类似身居高塔的天文学家,与现实政治和经济发展毫无关联。史学家越来越不愿意介入有关国际关系和公共政策的讨论,根本不屑当所谓的专业顾问。因此,规劝公民、为政策制定者提供可能的长时段未来发展规划的职责落到了经济学家头上,结果,报纸上的头条以及决策者们热衷讨论的都是自由市场经济如何是最理想的发展模式,而全然不顾后殖民史学家和社会史学家从帝国史、工业化史、公共卫生史和环境史的研究中得来不易的道德训诫。[69]

　　至20世纪90年代,美国的学术评论家开始抱怨当今的史学和人文学科日趋无用,这不禁让他们想起了20世纪50年代异常活跃的纽约知识分子,那时的史学家和文学批评家都积极参与公共领域的讨论并献计献策。[70]与此同时,许多人文学科的同仁也觉察到了自己好像完全抛弃了公共领域。90年代末,年轻一代的史学家,也就是接近婴儿潮顶峰时出生的那一代人,开始重提长时段问题。他们当中很多是研究古代史和中世纪史的,因此,从

84

专业的角度讲，不提长时段的问题对他们特别别扭。比如，丹尼尔·罗尔德·斯梅尔（Daniel Lord Smail）是一名中世纪史专家，却带头与进化生物学家对话，并因此提出了人类进化和消费主义的断代问题。[71]

长时段主题都有一种道德蕴涵，包括应对全球变暖对人类经济的重新定向、将庶民的生活经历纳入到政策制定的范畴之内等，这就要求史学家在选定研究课题时考虑到全部的人类经验并面向尽可能大的受众，包括（但又不限于）环境问题、治理问题、资本主义制度和剥削问题。长时段史当然要涉及人类世的问题，这是因为当下我们有必要让公众了解到人类的发展与地球之间的长时段关联，尤其是有关大气环境、脆弱的生态系统和逐渐紧缺的自然资源。同等重要的是，我们还需让公众了解到，围绕资本主义如何面对非正义的问题，迄今已经历了漫长激烈的争论和斗争，诚如托尼和芒福德努力澄清的那样；此外，还有环境的治理问题。[72]

长时段的回归与变动不居的时段问题密切相关。在一个不平等现象有增无减的时代，在全球治理面临重重危机之时，在人类造成的气候变化危及人类自身的情况下，哪怕要初步了解影响人类生存的真实境况，我们也必须要对研究的时段给予细致的划分。长时段的回归往往背负着彼此并不相同的新的目标，这就要求我们对历史方法论的基本问题作出回应：选择什么样的研究问题，如何划定问题的边界，用什么样的工具去解决这些问题。记忆的力量会提醒我们：我们虽然可能有些淡忘了，但历史学真正的力量在规劝世人，在令人能够重新想象过去的历程和未来的前景，在激励人们朝着自身认定的目标迈进。文艺复兴史专家康斯坦丁·法索尔特（Constantin Fasolt）曾提出，重思近代早期公民制度的一个基本前提是态度问题，他将这种态度归纳为"历史的反叛"（historical revolt）[73]。据此，新的长时段史学家应当学会用历史去批判制度，并恢复史学的本来面目：一种富于批判性的社会科学。历史为我们拒斥不合时宜的事物提供了最根本的理由，而不是因为这个东西历史悠久就一定予以保留。学会历史思维——当然是那种长时段的历史思维——我们就能更好地做出决断：哪些制度必须要埋葬，而哪些制度则必须继续奉行。

＊　＊　＊　＊　＊

在上一个十年，长时段回归的迹象已清晰可见，而且是涵盖整个学术领域的回归。有位拉美史专家曾言，在拉美史研究领域，"提出所谓长时段的历史发展理论一度非常不受欢迎"，但如今气象骤变："长时段回归了。"有位欧洲文化史专家在一次学术会议上曾告诫同仁："不管明说还是暗喻，我们所有人……探讨性史都离不开长时段。"有位美国研究专家曾这样评价她专业领域的现状："凡是搞文学研究的，只要悉心浏览一下最近出版的专著，留意一下频繁的学术会议，关注一下时下的研究重点，甚至看一眼普通的教学大纲，就肯定会发现两个关键词……这两个关键词事实上是在为文学和文化批评做断代处理。"其一是有关地理的（大西洋世界），其二是"时序单位，即长时段"。[74] 近来有关冷战与移民、黑海和"阿拉伯之春"、妇女的灵性（women's spirituality）和奥地利史、德国的东方主义和帝国观念的著述均把视野拓展到长时段。[75] 甚至草草地浏览一下历史书架上新到的著作也不难发现长时段的踪迹：500 年环球旅行、最初 3 000 年的基督教史及自古埃及至今的反犹主义叙事、从黑猩猩到博弈论的生存策略、"从斯巴达到达尔富尔"的种族灭绝行为，以及"从远古至今"的游击战，动辄过去 15 000 年的人类史，以及诸如此类的主题宏大、令广大读者耳目一新的著述。[76]

是的，在历史书写的多个领域，大又回来了。其中最为宏大的要数"大历史"（Big History），因为它要讲述从宇宙起源开始的整个历史。[77] 从时段上讲略微谦逊一点儿要算是横跨四万年的"深度史"（Deep History），因为它只包含人类的历史，并刻意打破"历史"与"史前"的界限。[78] 而叙事更为集中，同时对当今世界最为关心的问题作出回应的，则是人类世史，也就是说人类作为一个群体变得异常强大以至影响整个地球环境的这段历史。[79] 与

86

之相应,上述研究的时段可以说是宇宙时段、考古时段和气候时段,每个时段都极大地拓展了历史研究的视野,每种研究的境界都超越了——而且通常是大大超越了——一代人、一个正常人的一生或生物节拍的一个节奏这样的历史时段,而后者正是近几十年支配整个史学的时间范式。

在这种新型的事业中,当代史学家的作为是综合各家之说,共塑人类文化的轨迹,增进世人对整个历史的深入理解。正如一位当代史家所指出的那样:"回到形塑整个历史学科的宏观问题,我们便可以重新找回史学固有的超强的解释力,而不是像微观史学家那样只看到脐下三寸。在这一转型的过程中,我们将会让公众认识到史学是有用的。"[80]史学的优势在其对整个人类经历和制度有丰富的唯物主义的理解,在其洞悉多重的因果关系。如今,可喜的是,史学再度加入长时段的讨论,而在此之前,这一领地曾被进化生物学家、考古学家、气候科学家和经济学家所占据。当下,我们亟需一个裁判,他要有能力对各式各样神话般的历史叙事做出评判,有能力摆脱各种偏见,有能力就各种可能的边界重新达成一致。此功既成,我们将为人类开启更加宽广的未来,为现代文明寻到归宿。历史,作为一门学科,有可能成为这样一个裁判。

87

【注释】

[1] Garrett Hardin, 'The Tragedy of the Commons', *Science* 162(1968), 1243—1248; David Feeny et al., 'The Tragedy of the Commons: Twenty-Two Years Later', *Human Ecology* 18(1990), 1—19; Hardin, 'Extensions of "The Tragedy of the Commons"', *Science* 280(1998), 682—683.

[2] Harrison Brown, *The Challenge of Man's Future*(New York, 1954); Georg Borgstrom, *The Hungry Planet*(New York, 1965); Paul Ehrlich, *The Population Bomb*(New York, 1968); Matthew Connelly, *Fatal Misconception: The Struggle to Control World Population* (Cambridge, MA, 2008); Alison Bashford, *Global Population: History, Geopolitics, and Life of Earth*(New York, 2014).

[3] Janine Delaunay(ed.), *Halte à la Croissance? Enquête sur le Club de Rome* (Paris, 1972); Donella H.Meadows, Dennis L.Meadows, Jorgen Randers, and William W. Behrens, III, *The Limits to Growth* (New York, 1972); Fernando Elichigority, *Planet Management : Limits to Growth, Computer Simulation, and the Emergence of Global Spaces* (Evanston, 1999); Clément Levallois, 'Can De-Growth Be Considered a Policy Option? A Historical Note on Nicholas Georgescu-Roegen and the Club of Rome', *Ecological Economics* 69(2010), 2272; Josh Eastin, Reiner Grundmann, and Aseem Prakash, 'The Two Limits Debates: "Limits to Growth" and Climate Change', *Futures* 43(2011), 16—26.

[4] Hal Lindsey, *The Late Great Planet Earth* (Grand Rapids, MI, 1970); Daniel Wojcik, 'Embracing Doomsday: Faith, Fatalism, and Apocalyptic Beliefs in the Nuclear Age', *Western Folklore* 55(1996), 305; Karl Butzer and George Endfield, 'Critical Perspectives on Historical Collapse', *Proceedings of the National Academy of Science* 109(2012), 3628—3631.

[5] Martin Rees, *Our Final Century? : Will the Human Race Survive the Twenty-first Century?* (London, 2003), published in the United States as Rees, *Our Final Hour : A Scientist's Warning : How Terror, Error, and Environmental Disaster Threaten Humankind's Future in This Century — On Earth and Beyond* (New York, 2003); Jared Diamond, *Collapse : How Societies Choose to Fail or Succeed* (London, 2005); Vaclav Smil, *Global Catastrophes and Trends : The Next 50 Years* (Cambridge, MA, 2008); James Lovelock, *The Vanishing Face of Gaia : A Final Warning* (New York, 2009); Ian Sample, 'World Faces "Perfect Storm" of Problems by 2030, Chief Scientist to Warn', *Guardian* (18 March 2009): www. guardian. co. uk/science/2009/mar/18/perfect-storm-john-beddingtonenergy-food-climate; David R. Montgomery, *Dirt : The Erosion of Civilizations* (Berkeley, 2012).

[6] Clark A.Miller, 'Climate Science and the Making of a Global Political Order', in Sheila Jasanoff(ed.), *States of Knowledge : The Co-Production of Science and Social Order* (London, 2004), 46—66; Naomi Oreskes, 'The Scientific Consensus on Climate Change', *Science* 306(2004), 1686; Mike Hulme, 'Reducing the Future to Climate: A Story of Climate Determinism and Reductionism', *Osiris* 26(2011), 245—266; R.Agnihotri and K.Dutta, 'Anthropogenic Climate Change: Observed Facts, Projected Vulnerabilities and Knowledge Gaps', in R.Sinha and R.Ravindra (eds.), *Earth System Processes and Disaster Management* (Berlin, 2013), 123—137.

[7] 尤其是麦克·休姆,更是指责气候科学团体有关历史主体的叙事缺陷颇多,属于"气候还原主义"(climate reductionism),参阅 Richard Peet, 'The Social Origins of Environmental Determinism', *Annals of the Association of American Geographers* 75(1985), 309—333; David N. Livingstone, 'Race, Space and Moral Climatology: Notes toward a Genealogy', *Journal of Historical Geography* 28(2002), 159—180; Christopher D. Merrett, 'Debating Destiny: Nihilism or Hope in Guns, Germs, and Steel?', *Antipode* 35(2003), 801—806; Andrew Sluyter, 'Neo-Environmental Determinism, Intellectual Damage Control, and Nature/Society Science', *Antipode* 35(2003), 813—817; Christina R.Foust and William O'Shannon Murphy, 'Revealing and Reframing Apocalyptic Tragedy in Global Warming Discourse', *Environmental Communication* 32(2009), 151—167; Hulme, 'Re-

ducing the Future to Climate', 246。

［ 8 ］Nicholas Stern et al.，*The Economics of Climate Change：The Stern Review* (Cambridge，2007)；William D. Nordhaus，'A Review of the "Stern Review on the Economics of Climate Change"'，*Journal of Economic Literature* 45(2007)，686；'No Need to Panic About Global Warming'，*Wall Street Journal*，27 January 2012, sec. Opinion；http://online.wsj.com/news/articles/SB10001424052970204301404577171531838421366?mg=reno64-wsj&url=http%3A%2F%2Fonline.wsj.com%2Farticle%2FSB10001424052970204301404577171531838421366.html.

［ 9 ］Gene M. Grossman and Alan B. Krueger，*Economic Growth and the Environment*，National Bureau of Economic Research，Working Paper 4634 (1994)：http://www.nber.org/papers/w4634；Nemat Shafik，'Economic Development and Environmental Quality：An Econometric Analysis'，*Oxford Economic Papers* 46(1994)，757—773；Bjørn Lomborg，*The Skeptical Environmentalist：Measuring the Real State of the World* (Cambridge，2001). 格罗斯曼和克鲁格尔在谈到长时段世界观时曾提出，"人类社会在掌控新技术方面表现出异乎寻常的足智多谋"（第 1 页），这一立场乃基于戴维・兰德斯和乔尔・莫基尔(Joel Mokyr)等有关工业化史的乐观判断。

［10］例如，可参见 Richard E. Neustadt and Ernest R. May，*Thinking in Time：The Uses of History for Decision-Makers* (New York，1986)；C. A. Bayly，Vijayendra Rao，Simon Szreter，and Michael Woolcock(eds.)，History，*Historians and Development Policy：A Necessary Dialogue* (Manchester，2011)。

［11］Paul J. Crutzen，'Geology of Mankind'，*Nature*，415(2002)，23；Will Steffen，Paul J. Crutzen，and John R. McNeill，'The Anthropocene：Are Humans Now Overwhelming the Great Forces of Nature?'，*AMBIO：A Journal of the Human Environment* 36(2007)，614—621；Steffen，J. Grinevald，Paul J. Crutzen，and John R. McNeill，'The Anthropocene：Conceptual and Historical Perspectives'，*Philosophical Transactions of the Royal Society A：Mathematical，Physical and Engineering Sciences* 369(2011)，842—867.

［12］Libby Robin，'Histories for Changing Times：Entering the Anthropocene?'，*Australian Historical Studies* 44(2013)，330.

［13］Erle C. Ellis and N. Ramankutty，'Putting People in the Map：Anthropogenic Biomes of the World'，*Frontiers in Ecology and the Environment* 6(2008)，439—447；Jed O. Kaplan，Kristen M. Krumhardt，Erle C. Ellis，William F. Ruddiman，Carsten Lemmen，and Kees Klein Goldewijk，'Holocene Carbon Emissions as a Result of Anthropogenic Land Cover Change'，*The Holocene* 21(2011)，775—791. 同时参阅 *Integrated History and Future of People on Earth* (IHOPE)，这是一个先由气候科学家发起、后有人文学者加入的工程项目，其目的是要实现有关气候变化的长时段整体叙事，网址为：ihope.org。

［14］Frank Biermann，'"Earth System Governance" as a Crosscutting Theme of Global Change Research'，*Global Environmental Change* 17(2007)，326—337；Frank Biermann and Ingrid Boas，'Preparing for a Warmer World：Towards a Global Governance System to Protect Climate Refugees'，*Global Environmental Politics* 10(2010)，60—88；Biermann et al.，'Navigating the Anthropocene：Improving Earth System Governance'，*Science* 335 (2012)，1306—1307：http://ie.environment.arizona.edu/files/env/Biermann%20et%20al_2012_Science_Anthropocene.pdf.

［15］Chi-Jen Yang and Michael Oppenheimer，'A "Manhattan Project" for Climate Change?'，*Climatic Change* 80 (2007)，199—204；Larry Lohmann，'Carbon Trading，Climate

Justice and the Production of Ignorance: Ten Examples', *Development* 51(2008), 359—365; Jaap C. J. Kwadijk et al., 'Using Adaptation Tipping Points to Prepare for Climate Change and Sea Level Rise: A Case Study in the Netherlands', *Wiley Interdisciplinary Reviews: Climate Change* 1(2010), 729—740.

[16] Kees Klein Goldewijk, 'Estimating Global Land Use Change over the Past 300 Years: The HYDE Database', *Global Biogeochemical Cycles* 15 (2001), 417—433; Goldewijk, 'Three Centuries of Global Population Growth: A Spatial Referenced Population(Density) Database for 1700—2000', *Population and Environment* 26(2005), 343—367; Erle C. Ellis et al., 'Anthropogenic Transformation of the Biomes, 1700 to 2000', *Global Ecology and Biogeography* 19(2010), 589—606; Goldewijk et al., 'The HYDE 3.1 Spatially Explicit Database of Human-Induced Global Land-Use Change over the Past 12 000 Years', *Global Ecology and Biogeography* 20(2011), 73—86; Erle C.Ellis et al., 'Used Planet: A Global History', *Proceedings of the National Academy of Sciences* 110 (2013), 7978—7985.

[17] Anil Markandya, 'Can Climate Change Be Reversed under Capitalism?', *Development and Change* 40(2009), 1141.

[18] David I.Stern and Michael S.Common, 'Is There an Environmental Kuznets Curve for Sulfur?', *Journal of Environmental Economics and Management* 41(2001), 162—178; Stern 'The Rise and Fall of the Environmental Kuznets Curve', *World Development* 32 (2004), 1419—1439.

[19] 德国史学家记录了近代早期波及整个欧洲的一场木材危机,由是欧洲人开始寻找新的尚有林木资源的殖民地,此后又寻找煤炭和石油,以供热力驱动之用。研究者披览了德国大量的地方法庭卷宗,其中记载了当地农民何时且在何种情况下私自砍伐不属于自己的林木而遭受最严厉惩处的事例,详见 Paul Warde, 'Fear of Wood Shortage and the Reality of the Woodland in Europe, c.1450—1850', *History Workshop Journal* 62(2006), 28—57; Warde, *Ecology, Economy and State Formation in Early Modern Germany*(Cambridge, 2006). More generally, see Astrid Kander, Paolo Manamina, and Paul Warde, *Power to the People: Energy in Europe over the Last Five Centuries*(Princeton, NJ, 2014)。

[20] Terje Tvedt, *The River Nile in the Age of the British; Political Ecology and the Quest for Economic Power* (London, 2004); Terje Tvedt et al., *A History of Water*, 3 vols. (London, 2006); Tvedt, Terje Oestigaard, and Richard Coopey, *A History of Water*, Series ii, 3 vols.(London, 2010).

[21] Terje Tvedt, *A Journey in the Future of Water*(London, 2014).

[22] Sabine Barles, 'Feeding the City: Food Consumption and Flow of Nitrogen, Paris, 1801—1914', *Science of the Total Environment* 375(2007), 48—58; Barles and Laurence Lestel, 'The Nitrogen Question: Urbanization, Industrialization, and River Quality in Paris, 1830—1939', *Journal of Urban History* 33(2007), 794—812; Barles, 'Urban Metabolism of Paris and Its Region', *Journal of Industrial Ecology* 13(2009), 898—913; Gilles Billen et al., 'The Food-Print of Paris: Long-Term Reconstruction of the Nitrogen Flows Imported into the City from Its Rural Hinterland', *Regional Environmental Change* 9 (2009), 13—24; Billen et al., 'Grain, Meat and Vegetables to Feed Paris: Where Did and Do They Come from? Localising Paris Food Supply Areas from the Eighteenth to the Twenty-First Century', *Regional Environmental Change* 12(2012), 325—335.

［23］Christopher Hamlin，'Sewage：Waste or Resource？'，*Environment：Science and Policy for Sustainable Development* 22(1980)，16—42；E.Marald，'Everything Circulates：Agricultural Chemistry and Recycling Theories in the Second Half of the Nineteenth Century'，*Environment and History* 8(2002)，65—84；Timothy Cooper，'Peter Lund Simmonds and the Political Ecology of Waste Utilization in Victorian Britain'，*Technology and Culture* 52(2011)，21—44；Peter Thorsheim，'The Corpse in the Garden：Burial，Health，and the Environment in Nineteenth-Century London'，*Environmental History* 16(2011)，38—68.

［24］Joan Thirsk，*Alternative Agriculture：A History from the Black Death to the Present Day*(Oxford，1997)；Martin Mulligan and Stuart Hill，*Ecological Pioneers：A Social History of Australian Ecological Thought and Action*(Cambridge，2001)；Paul B. Thompson，*The Agrarian Vision：Sustainability and Environmental Ethics*(Lexington，KY，2010).

［25］Robin，'Histories for Changing Times'，339—340.

［26］Joshua J.Yates，'Abundance on Trial：The Cultural Significance of "Sustainability"'，*The Hedgehog Review* 14(2012)，22.

［27］Yates，'Abundance on Trial'，12.

［28］Mulligan and Hill，*Ecological Pioneers*.

［29］Anil Agarwal and Sunita Narain，*Global Warming in an Unequal World：A Case of Environmental Colonialism*(New Delhi，1991)；Andreas Malm and Alf Hornborg，'The Geology of Mankind？ A Critique of the Anthropocene Narrative'，*The Anthropocene Review* (2014)：doi：10.1177/2053019613516291. 与严责环境史学相反的观点也是存在的,可参阅 Paul S.Sutter，'The World with Us：The State of American Environmental History'，*Journal of American History* 100(2013)，98。

［30］James C.Scott，*Seeing Like a State：How Certain Schemes to Improve the Human Condition Have Failed*(New Haven，1998)；Fredrik Albritton Jonsson，*Enlightenment's Frontier：The Scottish Highlands and the Origins of Environmentalism*(New Haven，2013).

［31］Malm and Hornborg，'The Geology of Mankind？'，3.这里的引文在 John Lewis Gaddis，*The Landscape of History*(Oxford，2002)，96 中也有引证。

［32］Peter Linebaugh，'Enclosures from the Bottom Up'，*Radical History Review* 108 (2010)，11—27；Anant Maringanti et al.，'Tragedy of the Commons Revisited(i)'，*Economic and Political Weekly* 47(2012)，10—13；Michael Heller，'The Tragedy of the Anticommons：A Concise Introduction and Lexicon'，*The Modern Law Review* 76(2013)，6—25；Kenneth R. Olwig，'Globalism and the Enclosure of the Landscape Commons'，in Ian D. Rotherham(ed.)，*Cultural Severance and the Environment：The Ending of Traditional and Customary Practice on Commons and Landscapes Managed in Common* (Dordrecht，2013)，31—46. 在 Elinor Ostrom et al.，*Digital Library of the Commons*：http://dlc.dlib.indiana.edu/dlc/中也有大量有关公地史的学术论述。奥斯特罗姆自己的研究较少关注公地史的历史沿革，而更多地关注由此引申出的抽象原理，因为后者能够保障公地能够持久地延续下去。关此,亦可参阅一些有关欧洲公地及圈地运动的论述,如 Leigh Shaw-Taylor，'Parliamentary Enclosure and the Emergence of an English Agricultural Proletariat'，*Journal of Economic History* 61(2001)，640—662。

[33] Marsha L.Weisiger, *Dreaming of Sheep in Navajo Country*(Seattle, 2009).

[34] Nathan F.Sayre, 'The Genesis,History, and Limits of Carrying Capacity', *Annals of the Association of American Geographers* 98(2008), 120—134.

[35] Connelly, *Fatal Misconception*; Bashford, *Global Population*.

[36] Michael Redclift, 'Sustainable Development (1987—2005): An Oxymoron Comes of Age', *Sustainable Development* 13(2005), 212—227; Chris Sneddon, Richard B.Howarth, and Richard B.Norgaard, 'Sustainable Development in a Post-Brundtland World', *Ecological Economics* 57(2006), 253—268; Paul B.Thompson, *The Agrarian Vision: Sustainability and Environmental Ethic*s(Lexington, KY, 2010), 197—200.

[37] Angus Burgin, *The Great Persuasion: Reinventing Free Markets Since the Depression* (Cambridge, MA, 2012).

[38] David Harvey, A Brief History of Neoliberalism(Oxford, 2005); Wolfgang Streeck, *Buying Time: The Delayed Crisis of Democratic Capitalism*(London, 2014).

[39] Eric Schmidt and Jared Cohen, *The New Digital Age: Transforming Nations, Businesses, and Our Lives*(New York, 2014).

[40] Francis Fukuyama, *The End of History and the Last Man*(New York, 1992); Samuel P. Huntington, *The Clash of Civilizations and the Remaking of World Order*(New York, 1996).

[41] Errol Henderson, 'Culture or Contiguity? Ethnic Conflict, the Similarity of States, and the Onset of Interstate War, 1820—1989', *Journal of Conflict Resolution* 41(1997), 649—668; Henderson, 'The Democratic Peace through the Lens of Culture, 1820—1989', *International Studies Quarterly* 42(1998), 461—484; Manus I. Midlarsky, 'Democracy and Islam: Implications for Civilizational Conflict and the Democratic Peace', *International Studies Quarterly* 42(1998), 485—511; Eric Weede, 'Islam and the West: How Likely Is a Clash of These Civilizations?', *International Review of Sociology* 8 (1998), 183—195; Bruce M. Russett, John R. Oneal, and Michaelene Cox, 'Clash of Civilizations, or Realism and Liberalism Déjà Vu? Some Evidence', *Journal of Peace Research* 37 (2000), 583—608; Giacomo Chiozza, 'Is There a Clash of Civilizations? Evidence from Patterns of International Conflict Involvement, 1946—1997', *Journal of Peace Research* 39(2002), 711—734; Tanja Ellingsen, 'Toward a Revival of Religion and Religious Clashes?', *Terrorism and Political Violence* 17(2005), 305—332; Kunihiko Imai, 'Culture, Civilization, or Economy? Test of the Clash of Civilizations Thesis', *International Journal on World Peace* 23(2006), 3—26; Mustafa Aydin and Çınar Özen, 'Civilizational Futures: Clashes or Alternative Visions in the Age of Globalization?', *Futures*, Special Issue: Futures for Multiple Civilizations, 42(2010), 545—552; Alexis Pasichny, 'Two Methods of Analysis for Huntington's "Clash of Civilizations"', *Challenges of Modern Technology* 3(2012): http://yadda.icm.edu.pl/baztech/element/bwmetai.element.baztech-ddff88f7-7650-49d5-8164-033422b0de1e/c/Pasichny.pdf.

[42] Shireen Hunter and Huma Malik, *Modernization, Democracy, and Islam* (Westport, CT, 2005).

[43] David Graeber, *Debt: The First 5 000 Years*(Brooklyn, NY, 2010).

[44] David Armitage, *The Declaration of Independence: A Global History*(Cambridge, MA, 2007); Andreas Wimmer and Yuval Feinstein, 'The Rise of the Nation-State Across the

World, 1816 to 2001', *American Sociological Review* 75(2010), 764—790.

[45] Michael Goldman, *Imperial Nature: The World Bank and Struggles for Social Justice in the Age of Globalization*(New Haven, 2005); Amy L. Sayward, *The Birth of Development: How the World Bank, Food and Agriculture Organization, and World Health Organization Changed the World, 1945—1965* (Kent, OH, 2006); Mark Mazower, *Governing the World: The History of an Idea*(London, 2012); Patricia Clavin, *Securing the World Economy: The Reinvention of the League of Nations, 1920—1946*(Oxford, 2013).

[46] Angus Lindsay Wright, *To Inherit the Earth: The Landless Movement and the Struggle for a New Brazil*(Oakland, CA, 2003); Wendy Wolford, *This Land Is Ours Now: Social Mobilization and the Meanings of Land in Brazil*(Durham, NC, 2010).

[47] Jo Guldi, *Roads to Power: Britain Invents the Infrastructure State* (Cambridge, MA, 2012).

[48] Fred Turner, *From Counterculture to Cyberculture: Stewart Brand, the Whole Earth Network, and the Rise of Digital Utopianism* (Chicago, 2006); Matthew Hilton, 'Politics Is Ordinary: Non-Governmental Organizations and Political Participation in Contemporary Britain', *Twentieth Century British History* 22(2011), 230—268; Jo Guldi, 'Can Participatory Maps Save the World?'(talk at Brown University, 7 November 2013): https://www.youtube.com/watch?v=tYL4pVUW7Lg&list=PLTiEffrOcz_7MwEs7L79 ocdSIVhuLXM22&index=11.

[49] Penny Summerfield, 'Mass-Observation: Social Research or Social Movement?', *Journal of Contemporary History* 20(1985), 439—452; David Matless, 'Regional Surveys and Local Knowledges: The Geographical Imagination in Britain, 1918—1939', *Transactions of the Institute of British Geographers*, New Series, 17(1992), 464—480; Matless, 'The Uses of Cartographic Literacy: Mapping, Survey and Citizenship in Twentieth-Century Britain', in Dennis E. Cosgrove(ed.), *Mappings*(London, 1999), 193—212; James Hinton, *The Mass Observers: A History, 1937—1949*(Oxford, 2013).

[50] David Ludden, 'Patronage and Irrigation in Tamil Nadu: A Long-Term View', *Indian Economic & Social History Review* 16(1979), 347—365; Christopher Hamlin, *Public Health and Social Justice in the Age of Chadwick: Britain, 1800—1854* (Cambridge, 1998); Timothy Mitchell, *Rule of Experts: Egypt, Techno-Politics, Modernity*(Berkeley, 2002); Rohan D'Souza, *Drowned and Damned: Colonial Capitalism and Flood Control in Eastern India*(New Delhi, 2006).

[51] Terje Tvedt, 'NGOs' Role at "The End of History": Norwegian Policy and the New Paradigm', *Forum for Development Studies* 21(1994), 139—166; J. Petras, 'Imperialism and NGOs in Latin America', *Monthly Review — New York* 49(1997), 10—27; Akira Iriye, 'A Century of NGOs', *Diplomatic History* 23(1999), 421—435; Diana Mitlin, Sam Hickey, and Anthony Bebbington, 'Reclaiming Development? NGOs and the Challenge of Alternatives', *World Development* 35(2007), 1699—1720.

[52] John Markoff and Verónica Montecinos, 'The Ubiquitous Rise of Economists', *Journal of Public Policy* 13(1993), 37—68; Marion Fourcade, 'The Construction of a Global Profession: The Transnationalization of Economics', *American Journal of Sociology*, 112(2006), 145—194.

[53] Richard White, *Railroaded：The Transcontinentals and the Making of Modern America* (New York, 2011).

[54] Nick Cullather, '"The Target Is the People"：Representations of the Village in Modernization and US National Security Doctrine', *Cultural Politics：An International Journal* 2 (2006), 29—48; Cullather, 'The Foreign Policy of the Calorie', *The American Historical Review* 112(2007), 337—364; Greg Grandin, *Fordlandia：The Rise and Fall of Henry Ford's Forgotten Jungle City* (New York, 2009); Cullather, *The Hungry World：America's Cold War Battle Against Poverty in Asia* (Cambridge, MA, 2010).

[55] Richard R.Nelson and Sydney G.Winter, *An Evolutionary Theory of Economic Change* (Cambridge, MA, 1982); Nelson and Winter, 'Evolutionary Theorizing in Economics', *Journal of Economic Perspectives* 16(2002), 23—46.

[56] Zachary Karabell, *The Leading Indicators：A Short History of the Numbers that Rule Our World* (New York, 2014), 52—72.

[57] Thomas Piketty, *Le Capital au XXIe siècle* (Paris, 2013); Piketty, *Capital in the Twenty-First Century* (trans.) Arthur Goldhammer (Cambridge, MA, 2014).

[58] Piketty, *Capital in the Twenty-First Century*, 11—17.

[59] Simon Kuznets and Elizabeth Jenks, *Shares of Upper Income Groups in Income and Savings* (Cambridge, MA, 1953); Simon Kuznets, 'Economic Growth and Income Inequality', *American Economic Review* 45(1955), 1—28.

[60] Chris Giles, 'Data Problems with Capital in the 21st Century'：http://blogs.ft.com/money-supply/2014/05/23/data-problems-with-capital-inthe-21st-century; Thomas Piketty, 'Technical Appendix of the Book, Capital in the 21st Century' (21 May 2014)：http://piketty.pse.ens.fr/files/capital21c/en/Piketty2014TechnicalAppendixResponsetoFT.pdf.

[61] Ian Hacking, *The Emergence of Probability：A Philosophical Study of Early Ideas About Probability, Induction and Statistical Inference* (Cambridge, 1975); Theodore M. Porter, *The Rise of Statistical Thinking, 1820—1900* (Princeton, NJ, 1986); Ian Hacking, *The Taming of Chance* (Cambridge, 1990); Porter, *Trust in Numbers：The Pursuit of Objectivity in Science and Public Life* (Princeton, NJ, 1995); Alain Desrosières, *The Politics of Large Numbers：A History of Statistical Reasoning* (Cambridge, MA, 2002); Michael Ward, *Quantifying the World：UN Ideas and Statistics* (Bloomington, IN, 2004); Karabell, *The Leading Indicators*.

[62] Sebastian De Grazia, *Of Time, Work, and Leisure* (New York, 1962); Ivan Illich, *Toward a History of Needs* (New York, 1978).

[63] Facundo Alvaredo, Anthony Atkinson, Thomas Piketty, and Emmanuel Saez, 'The World Top Incomes Database'：http://topincomes.parisschoolofeconomics.eu/.

[64] Piketty, *Capital in the Twenty-First Century*, 33.

[65] Tony Judt, 'A Clown in Regal Purple：Social History and the Historians', *History Workshop Journal* 7(1979), 84—85(尤其是其中有关 Scott and Sewell 和论述)。朱特对布罗代尔的长时段持批评态度，认为长时段的后果是"把历史上顺序发生的事件拆得七零八落，结果之一是出现了一大堆专事细节和边缘事态的文章"。*ibid.*, 85。

[66] 引自 Grace V.Leslie, 'Seven Hundred Pages of "Minor Revisions" from the Soviet Union：Caroline Ware, the UNESCO *History of Mankind*, and the Trials of Writing International History in a Bi-Polar World, 1954—1966', paper presented at the annual

meeting of the American Historical Association, New Orleans, Louisiana, 3 January 2013；有关联合国教科文组织发起该项目的情况，参阅 Gilbert Allardyce, 'Toward World History: American Historians and the Coming of the World History Course', *Journal of World History* 1(1990), 26—40。

[67] Frederick Cooper and Randall M. Packard (eds.), *International Development and the Social Sciences: Essays on the History and Politics of Knowledge* (Berkeley, 1997); Gilbert Rist, *The History of Development: From Western Origins to Global Faith* (New York, 2002); Nils Gilman, *Mandarins of the Future: Modernization Theory in Cold War America* (Baltimore, 2007).

[68] Jean-Claude Passeron and Jacques Revel, 'Penser par cas. Raissoner à partir de singularités', in Passeron and Revel(eds.), *Penser par cas* (Paris, 2005), 9—44.

[69] Markoff and Montecinos, 'The Ubiquitous Rise of Economists'; Gerald D. Suttles and Mark D.Jacobs, *Front Page Economics* (Chicago, 2011).

[70] Elegies for this moment include Russell Jacoby, *The Last Intellectuals: American Culture in the Age of Academe* (New York, 1987); Michael Bérubé and Cary Nelson (eds.), *Higher Education under Fire: Politics, Economics, and the Crisis of the Humanities* (New York, 1995); Richard A.Posner, *Public Intellectuals: A Study of Decline* (Cambridge, MA, 2003); Jo Guldi, 'The Surprising Death of the Public Intellectual: A Manifesto', Absent 1 (2008): http://archive. org/details/TheSurprisingDeathOfThePublicIntellectualAManifestoForRestoration.

[71] Daniel Lord Smail, *On Deep History and the Brain* (Berkeley, 2008); Smail, 'Beyond the Longue Durée: Human History and Deep Time', *Perspectives on History*, 50(2012), 59—60.

[72] Denis E.Cosgrove, *Apollo's Eye: A Cartographic Genealogy of the Earth in the Western Imagination* (Baltimore, 2001); John R.Gillis, *The Human Shore: Seacoasts in History* (Chicago, 2012).

[73] Constantin Fasolt, *The Limits of History* (Chicago, 2004), 19.

[74] Jeremy Adelman, 'Latin American Longues Durées', *Latin American Research Review* 39(2004), 224; Thomas W.Laqueur, 'Sexuality and the Transformation of Culture: The Longue Durée', *Sexualities* 12 (2009), 418; Susan Gillman, 'Oceans of Longues Durées', *PMLA* 127(2012), 328.

[75] Matthew Connelly, 'The Cold War in the Longue Durée: Global Migration, Public Health, and Population Control', in Melvyn P.Leffler and Odd Arne Westad(eds.), *The Cambridge History of the Cold War*, 3 vols.(Cambridge, 2009), III 466—488; William M. Johnston, *Visionen der langen Dauer Österreichs* (Vienna, 2009); Suzanne L. Marchand, 'Orientalism and the Longue Durée', in Marchand, *German Orientalism in the Age of Empire: Religion, Race, and Scholarship* (Cambridge, 2009), 1—52; Laurence Lux-Sterritt and Carmen M. Mangion, 'Gender, Catholicism and Women's Spirituality over the Longue Durée', in Lux-Sterritt and Mangion(eds.), *Gender, Catholicism and Spirituality: Women and the Roman Catholic Church in Britain and Europe, 1200—1900* (Basingstoke, 2011), 1—18; Alexander A. Bauer and Owen P.Doonan, 'Fluid Histories: Culture, Community, and the Longue Durée of the Black Sea World', in Ruxandra Ivan(ed.), *New Regionalism or No Regionalism?: Emerging Regionalism in the Black*

第三章 长短论衡：20 世纪 70 年代以来的气候变迁、公共治理和社会不平等问题

Sea Area (Farnham, 2012), 13—30; Dirk Hoerder, 'Migrations and Belongings: A Longue-Durée Perspective', in Emily S. Rosenberg (ed.), *A World Connecting*, *1870— 1945* (Cambridge, MA, 2012), 444—467; Julia Clancy-Smith, 'From Sidi Bou Zid to Sidi Bou Said: A Longue Durée Approach to the Tunisian Revolutions', in Mark L. Haas and David W. Lesch (eds.), *The Arab Spring: Change and Resistance in the Middle East* (Boulder, CO, 2013), 13—34; Jörn Leonhard, 'Introduction: The Longue Durée of Empire: Comparative Semantics of a Key Concept in Modern European History', *Contributions to the History of Concepts* 8 (2013), 1—25.

[76] Ben Kiernan, *Blood and Soil: A World History of Genocide and Extermination from Sparta to Darfur* (New Haven, 2007); Diarmaid MacCulloch, *A History of Christianity: The First Three Thousand Years* (London, 2009); Ian Morris, *Why the West Rules — For Now: The Patterns of History, and What They Reveal About the Future* (New York, 2010); Max Boot, *Invisible Armies: An Epic History of Guerrilla Warfare from Ancient Times to the Present* (New York, 2012); Joyce E. Chaplin, *Round About the Earth: Circumnavigation from Magellan to Orbit* (New York, 2012); Lawrence Freedman, *Strategy: A History* (Oxford, 2013); Morris, *The Measure of Civilization: How Social Development Decides the Fate of Nations* (Princeton, 2013); David Nirenberg, *Anti-Judaism: The Western Tradition* (New York, 2013); Francisco Bethencourt, *Racisms: From the Crusades to the Twentieth Century* (Princeton, NJ, 2013).

[77] Cynthia Stokes Brown, *Big History: From the Big Bang to the Present* (New York, 2007); Fred Spier, *Big History and the Future of Humanity* (Chichester, 2010); David Christian, *Maps of Time: An Introduction to Big History*, new edn (Berkeley, 2011). Harriet Swain (ed.), *Big Questions in History* (London, 2005)一书中也谈到了"大问题"，但其中的"大"只是一般意义上的，并非在时空上有多大的拓展。

[78] Andrew Shryock and Daniel Lord Smail (eds.), *Deep History: The Architecture of Past and Present* (Berkeley, 2011); Smail and Shryock, 'History and the Pre', *American Historical Review* 118 (2013), 709—737.

[79] Dipesh Chakrabarty, 'The Climate of History: Four Theses', *Critical Inquiry* 35 (2009), 197—222; Chakrabarty, 'Postcolonial Studies and the Challenge of Climate Change', *New Literary History* 43 (2012), 1—18; Fredrik Albritton Jonsson, 'The Industrial Revolution in the Anthropocene', *The Journal of Modern History* 84 (2012), 679—696; Alison Bashford, 'The Anthropocene is Modern History: Reflections on Climate and Australian Deep Time', *Australian Historical Studies* 44 (2013), 341—349.

[80] James Vernon, *Distant Strangers: How Britain Became Modern* (Berkeley, 2014), 132.

109

第四章　大问题、大数据

一个社会深陷长时段思维危机却依然能够发现自我，原因之一是信息超载的问题。信息超载本身倒不是什么最近才有的新鲜事儿。在欧洲，文艺复兴时代的人文主义者就经历过信息超载，因为在那时，新版的古典文献、新版的历史著作和编年史以及有关亚洲和美洲动植物的新知识、新信息简直铺天盖地，学者们根本无力综合所有的信息并构建宏大的理论，哪怕是做些有用的编排也十分困难。但事实上，我们现在仍在使用的多种搜索和检索工具——索引、百科全书和文献书目——都来自第一个信息超载时代，而那时的人们感到无力对整个历史进行综合，也无力从整体的视角瞻望未来。[1]

如今，我们生活在一个新的"大数据"时代，从人类基因组的解码到各级政府机构每年发布的字数以十亿计的各类报告，可谓无奇不有、体大类杂。而在社会科学和人文科学领域，大数据代替了社会学家和历史学家对学科持续有用的追求，因为大数据的运算开启了解决老问题的新思路并同时提出了新问题。[2]大数据逼迫社会科学对更多愈来愈大的问题作答，用历史的眼光看，这些都是世界性的大事件和愈发长远的历史长河中制度变迁的大问题。有关气候变化的长时段史、奴隶贸易的后果、西方物权法的种类及其

88

在历史上的境遇,诸如此类的研究都纷纷采用计量的方法进行,一方面可谓开启了历史研究中数据处理的先河,另一方面又努力使历史研究与现代人的关切相契合。[3]

数字人文在过去的十年间逐渐发展成为一门新的学科,这意味着任何人,无论学者还是普通人,都可以借助数字手段尝试一下长时段史的建构。主题模型软件能够用机器快速阅读大量的政府报告或科学文本,然后反馈数十年甚至数世纪以来人们的学术关切和观念变化的基本事实。颇为迷人的是,许多这类的软件能够把大量的文献记录迅速转化成可视的图示或图表,否则数据量太大根本难以读完。在我们这个时代,很多研究人员都认识到,要想让论证令人信服,他们就必须学会把大数据缩转成一种简明易懂的叙事。

虽然人类尝试着为时间划定界限已有好几百年的历史,但把大图景转换成轻松的可视图像却是大数据问世以来才逐渐成型的新技术,[4]而这种新技术的应用又提出了亟待解答的新问题:大数据该回答多长时段的问题。有时候,长时段、大背景或短时段、小背景恰是重现历史问题的关键,因为取向不同,则结论迥异。现有一种趋势,人们看问题的视野越来越宏大,而这一点对长时段史学家构成了新的挑战,对此我们必须做出决断:我们究竟该使用哪些数据? 又如何调整和使用? 大数据确实提高了我们采信历史信息的能力,我们可据此确定多层次的历史因果关系,认清究竟哪些是历史的分水岭,而哪些只是大框架的一个小的组成部分。

新工具

21世纪的第二个十年间,基于数字化的关键词搜索在整个学术研究领域方兴未艾。在数字化知识库的时代,运用数字化工具从事社会变迁的研

89

究遍地开花,可谓一种基础性的新工具。用关键词搜索以拓展长时段大范围历史变迁的涵盖范围渐成一种学术习惯,经此类处理的论文在政治学和语言学专业的期刊中同样常见,研究的题材也五花八门,比如公众对古吉拉特邦(Gujarat)出产转基因玉米的反映、从英国报刊看人们对气候变化科学的态度、西方媒体中的中国农民形象、英国文化中持续不断的反犹主义倾向、公房政策史、英国煤炭业应对环境污染法规的举措和结局等。[5]2011年和2013年,围绕气候变化问题,社会科学家们试图晰清学术论证与公众看法之间的关系,为此,他们使用了科学网(Web of Science)数据库中的关键词搜索引擎,先是键入"global warming"(全球变暖)、"global climate change"(全球气候变化)等成串的关键词,然后根据其是否支持某一立场对文章进行排序。[6]总之,用于电子数据库分析的新技术造成了学术研究的多元化,学者们因此有可能把长时段大规模的有关话语和社会共同体的信息累加起来,但迄今还很少见主流史学期刊刊载这类成果。[7]新技术显然长于长时段累进话语变迁的分析和处理,但史学专业的学生却要么因为没有能力,要么不情愿,要么缺乏勇气去触碰这类长时段的问题,在此,仿佛出现了某种学术短路。

为克服这种阻抗,当务之急是要发明出专供长时段历史研究的新工具,要能够特别处理当今时代不断扩张的大量政府数据。这里有一个来自乔·古尔迪亲身经历的例证,能够说明由问题驱动的大量新数据的研究如何造就了一款新工具。2012年夏,由她牵头的一个研究团队推出了一款名为"纸机"(Paper Machines)的软件,专供学者全面梳理大宗纸版文档之用,尤其适合档案极其丰富的20世纪的跨国研究。纸机是文献管理Zotero软件的开放源码的延展版,后者可让使用者在网络数据库创建参考书目,等于建立了一个自己手选的图书馆,纸机的设计还专门考虑到了史学文献特别宽广的特殊性。[8]纸机的目标是为那些不具备充足的技术知识或缺少足够的计算资源的人文和社会科学各学科的学者提供一流的文本挖掘技术。

　　类似谷歌书籍词频统计器(Google Books Ngram Viewer)的工具集都使用提前预装了谷歌图书搜索的全套语料库,所以搜索结果自然突出英美的传统,而使用纸机,研究者可以自选文献集,无论是网上找到的报纸、聊天室电子资源还是用光学字符识别(OCR)软件扫描的纸版公文文档都能适用。班级、学者团体或个体学者、活动家也可以共建、共享此类的文本库。这种群库可以设置为公开的或私有的,取决于文献的敏感度和版权限制。比如,　91
在没有任何官方资助的情况下,研究巴拿马的史学家们就使用 Zotero 群库收集和分享相关政府的文档,全部文档的保存和注解工作都由学者们亲力亲为,他们还致力发掘新文档,以避免这些文档遭受遗弃、毁损甚至被蓄意破坏的厄运。

　　有了纸机,学者们可以使用简单易用的图形界面对语料库内的各类格局或特征做视觉图示。使用纸机,还可以实现对大量思想特征的综合,比如,学者可以搜索近十年某一期刊中史学家的言论。利用纸机,还能做到直观地比较不同特征的作品,比如对以 19 世纪伦敦为背景的小说和同一世纪以巴黎为背景的小说进行比较。只需一个简单的图形界面,纸机便可将文本中的各类特征转化成可视图形。学者们还可以用纸机对某些观念、个体及专业团体发生影响的长时段特征进行假设并多次验证。

　　把多种趋势、多个思想、多重制度放在长时段的框架下做整体的比照和考察,研究者自然会发现比通常可利用的大得多的文献库。比如,使用纸机对手选的有关 20 世纪起全球土地改革的大量官方文本语料进行扫描,研究者便会发现这一运动的起点实为英国史上的地方土地改革,经过对英国历史文献的微观史梳理,研究者可以很自然地进一步转向全球范围的长时段政策趋势的综合考察。数字化研究通常有三个步骤:综合选定所要研究的较大的时段,仔细考察所有可能的微观历史文献并根据需要锁定自己要用的部分,大量阅读相关或相邻领域的二手文献。比如,图 4 是使用MALLET 主题模型软件对有关土地法文献语料库扫描所得到的结果。图像呈现的是计算机指示的土改法一词出现的相对频度的时间线表,其中有的提到爱尔兰,有的提到印度,当然取决于不同的关键词还可以进行微调。史学家借助这种长时段观念的变化趋势,然后决定仔细研读 20 世纪五六十年代的文献,因为此时爱尔兰土改斗争的记忆可用于指导当代拉美土改政策的制定。

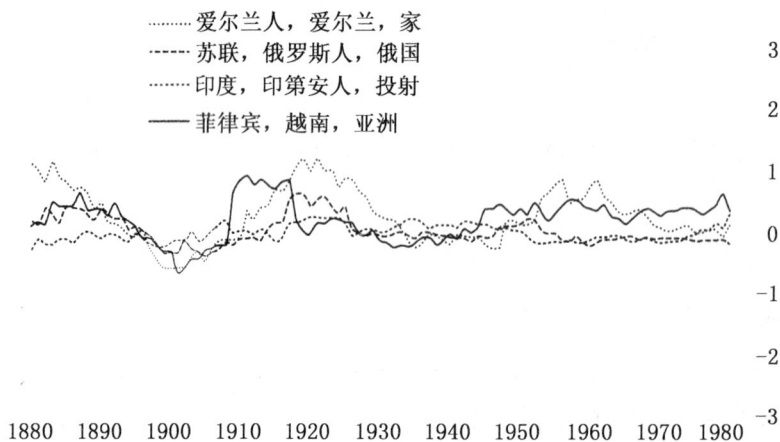

注:虚细线表示可供分析的材料不够充分。
资料来源:大卫·米姆(David Mimno)使用纸机和 MALLET 主题模型软件所得。

图 4 **1880—1980 年的文献中提到的印度、爱尔兰及其他相关话题的相对频度**

乔·古尔迪《漫长的土地争夺战》一书就是在这种数字驱动的研究基础上写成的,该书讲述全球土改运动的进程,其中包括自大英帝国鼎盛时期至今多种观念的演变,如工人的收入分配问题、粮食安全问题、参与式治理问题、房屋出租管理问题等。[9]纸机对特定争论的本质内涵及争论中提到的具体地点做了综合归纳,并在此基础上构建与房屋出租管理、土地改革以及在私属地建花园相关的主题、地名的时间表和空间指示图。纸机还帮助研究者确定该使用哪些文献,并提醒研究者要特别关注哪些部分。纸机在设计上就是为了揭开官僚机构的内幕,令研究者对官僚机构运行的程序有一个一目了然的认识,对大量文献生成的背景及相互关系了如指掌。纸机的使用者可以了解究竟是哪些人参与了文献的生成,分支机构的负责人是谁,当时在位的联合国各秘书处的秘书长是谁,甚至包括威斯康星大学和萨塞克斯大学的相关教员,因为后者为联合国机构提供咨询并输送大量本科毕业生。纸机软件令使用者轻松考量上述各机构的作为,确认不同机构在哪些问题上存在分歧,而在哪些问题上又趋向一致。此间颇有意味的是,联合国的官员讲的都是清一色的现代化理论,如民族国家政府、民主改革、政府扶助推广、培训与管理、购置新设备,结果产量确实得到显著提高。

传统的研究受制于未经数字化处理的文献数量极大,根本没有足够的时间全面梳理,所以很容易最终流于机构制度史,书写的都是当权者的历史,比如福特和洛克菲勒基金会支持的有关杀虫剂的研究就只突出美帝国的经验具有普适性。而通过使用纸机,研究者就能够把长时段的相关话题作并置处理,然后确认并深究历史上的分歧、分裂和愿景时期,最终锁定如杀虫剂工业与适宜技术(Appropriate Technology)运动或世界银行与自由神学(Liberation Theology)运动在资源利用方面的冲突。因此,数字化结构性文献阅读的妙处就是研究者有机会更多地关注反事实和被压制的声音,从而使文献更多地服务于来自底层的历史叙事。

此外,还有一些类似的工具可以帮助研究者纵览长时段的历史变迁,既包括平庸琐碎的历史细节,又不乏澄静深刻的历史思考。谷歌书籍词频统计能够大致廓清某些观念的沉浮起落。[10]人文学者弗兰克·莫雷蒂(Franco Moretti)和历史学家本·施密特(Ben Schmidt)对长时段图示工具软件的设计成型可谓功不可没:莫雷蒂与 IBM 公司合作,制造出了MannEyes 图示软件,可用于大量文本的“遥测读数”(distant reading);施密特与基因生物学家一道,为谷歌书籍词频统计软件编码,确保跨代文本关键词词频扫描能产出准确无误的历史年代表。[11]

诸如此类的工具让学者们有能力、有机会蠡测数十年乃至数世纪的总

93

体变迁。在过去的十年里,大量的图书馆数字化工程,为数众多的众包(crowd-sourced)口述史上线,标志着一个轻松获取大量文献的时代的到来。如此,再加上知识摘要分类软件的问世,学者们可以通过富于建设性地应用数字语料库针对数世纪的历史变迁提出并验证自己的理论假说。[12]有了工具,又有了大量文献,这就让历史研究同时具备了长时段和基于文献的特征,至少对后古典的拉丁时代——因为这一时段的语料"诚可谓历史跨度最长、内容最为丰富的史料收藏"——和文艺复兴之后用欧洲各主要语言书写的大量文献而言是这样。[13]

有了便利的工具,并能够借此对大量的量化信息进行比对,学者们很容易对标准的现代化历史叙事提出质疑。迈克尔·弗伦德里(Michael Friendly)认为,数据可视化工具能够让学者利用最确切的历史数据重估传统的政治经济学理论,比如用最先进的数字化工具并基于大量最新数据就可以制成类似威廉·普莱菲(William Playfair)合成的著名的时间序列图,比对拿破仑战争时期小麦的价格和工人的工资收入水平比。弗伦德里还提出,历史学家事实上可以用尽可能多的数据来衡量诸如幸福、营养水平、人口和治理等方面的状况,果真如此的话,史学家就成了多元历时比较建模方面的专家了。[14]这些技能还可以使历史成为有关人类世、具体的生活经历和机构制度变革等主流话语的仲裁者。

由于上述长时段历史研究模式具备了特别的优势,可以想见,法律史和制度史研究不久将迎来一股热潮。因为这种新工具极大地增强了史学家综合大量信息的能力,法律史和制度史专家肯定会产生一种道德冲动——这种道德冲动在其他历史分支的研究中已有所见,即从长时段考察所有可能的有关治理的言论。欧洲法律史学者发现,使用数字化方法,他们就可以对一些长时段的问题给予解答。比如老贝利在线(Old Bailey Online)涵括了从1673年至1914年间英国的全部卷宗,可谓整个英语世界有关底层资源最大的一次汇集;又如科林·威尔德(Colin Wilder)的"文学共和国"(Republic of

94

Literature)工程,收集了德国近代早期的全部法律文本并做数字化处理,同时还有法学教师和学生的巨型社会网络链接,目的在展示近代早期德国司法变革的历史驱动力,我们至今奉为信条的一些早期观念就是在这一过程中诞生的,如公有领域、私有财产、相互性等。[15]这类原本需要多个研究者通力合作方能处理的问题,现在只要通过大型数据库和相应的工具软件便能有个大致的把握,可以实现跨越时空,汇集先前根本无法获知的大量信息,所以有望从根本上改造我们对法律史和社会史的理解。

在这个数字分析的新时代,人们决定是否投资某个研究项目的一个关键词是研究是否具备"可延展性"(extensibility),也就是说,这项研究的数据库与其他形式的基础设施合拍吗? 其中的文献是否有助于讲述长时段的故事、描绘整体的大图景、填补谷歌图书搜索软件留下的空白? 抑或只是一种单独案例的展示,只有那些近一二十年来沉醉于此的专家才能稍有领悟? 学生们争先恐后想要得到的文献是否能做数字分析处理?

长时段的思想家往往不用数字化工具描绘整体的大图景。而那些新近加入到长时段研究的学者也被期待着去仔细分析多个不同学科的数据,因为他们必然要借鉴他人的成果并予以综合。他们不愿采信大数据,而宁愿采用传统的叙事方式、采信二手文献。这是典型的目标与资源的错位,说明真正长时段、大规模的研究还有待启动。有些人听到了回归大图景的召唤,而有些已经对数字化工具予以回应。但迄今还鲜有学者采取新老结合的方式,既使用数字化工具对大量的数据予以分析,又同时回应长时段历史的大问题,并瞻望长远的未来。

大数据的兴起

在二战后的60年里,自然科学和人文科学都积累了大量的量化数据,但这两类数据却很少被放置到一起,以便读者两相对照。公众辩论的兴起使得越来越多更具时效性的数据能为普通人所接触到,来自政府、气候科学家和其他实体组织的各种格式的数据也可以互相转换。此时的世界,世人渴望能有权威人士对这些数据进行理性的总括的说明:如何使用,又如何被滥用,如何摘录,又如何综合。这些数据是经过几十年的研究积累起来的,用以支撑新的命题,比如,学术界如何对气候变化问题达成共识。自 20 世纪 60 年代人类首次成功获取冰核(ice-cores)以来,大数据从四面八方开始不断累积,人们围绕气象学将这些数据输入特别设定的计算机模型,试图晰清大气变化的原理及其与环境污染之间的关系。[16]

在史学期刊中,目前还很少发现应用此类数据集的论文,但在临近的多个学科领域,气候科学家和大气科学家早已开始对来自世界各地的数据集做分类的统计分析,并据此描绘出一个多世纪以来干旱和洪水频发的全球图景。[17] 比如,有学者研究瑞士、荷兰和美国大西洋沿岸的农场和农民如何应对数世纪以来因气温增高而造成的湿地不断缩减、洪水渐趋增多、玉米等农作物产量不稳定等状况,并建模演示。[18] 研究者甚至尝试用数据集阐释历史上对此类状况的文化和社会应对措施,以与当今全球气候变化的现状两相对照。[19]《环境创新与社会转型》杂志上刊载的一篇文章对过去 1.2 万年间的社会复杂度、粮食生产和人们的闲暇时间量进行了比对,以此醒示不远的未来必然出现的技术创新,并以古罗马帝国的覆亡作为镜鉴。气候变化被作为证据支撑一系列的历史命题,如致使几千年的中国历史呈现数世纪便再度循环的战争和平周期,造成 17 世纪的"普遍危机"(General Crisis),甚至构成达尔富尔内战的直接诱因。[20] 鉴于深度大气史数据的不断累积,环境史愈发直接地成为人类史的一个组成部分,至少被作为驱动人类社会发展的外部动因。

一旦我们开始寻找,便会发现历史数据原来到处都是,只是迄今还没有被利用罢了。政府机构收集了大量有关能源、气候和经济发展的长时段数据和评估结果。美国能源信息管理局(EIA)自 1949 年起便定期出版《能源评论》月刊(*Monthly Energy Review*),其中的能源消费图表常被气候科学家拿来分析,但却鲜有史学家问津。联合国统计数据库(UNdata)和欧睿国际(Euromonitor International)等国际机构和类似 IHS 环球透视(IHS Global Insight)的私营数据库都会从政府部门收集有关人口、政府收支、外债、利率和汇率、货币供给及就业状况等方面的官方数据,并定期发布以供学术研究之用。国际货币基金组织(IMF)收集有自 1972 年以来世界各国的金融统计数据。[21] 此类政府收集的长时段数据在社会学、气候科学和经济学领域都有学者悉心分析和使用,[22] 但却很少见史学家加以利用,但这种状况也许会改变。史学家一旦拓宽自己的视野并开始拷问长时段的历史变迁,他们很自然地会寻求这种政府机构收集的跨越数百年的量化数据,因为这种数据能够清晰展示一代代人的生活经历和机遇的变化过程。

我们这个时代的量化数据可谓多得有些过剩,这是 20 世纪 70 年代的史学家求之不得的东西,虽然那个时代开启了所谓的量化转向(quantitative turn)。当今史学家有机会使用近乎无限多的各式图表,能够显示数十年甚至数世纪以来所有的国际贸易通道、人口增长、人均收入、降雨量和天气变化状况。[23] 通过跨大西洋奴隶贸易数据库(Trans-Atlantic Slave Database),他们可以轻松浏览长时段跨国贩奴贸易的图表,这里收集了从 16 世纪到 19 世纪全部 35 000 次贩奴航行的信息,共计 1 200 万以上的人被贩卖为奴。[24] 使用谷歌地球(Google Earth),史学家可以审视从 16 世纪到 19 世纪的多张地图,梳理伦敦由小变大的过程。无论从事任何研究,大规模的还是小范围的,上述数据都能够为我们提供多种多样的背景知识。

然而迄今收集到的大量信息还很少被学者真正地解读。信息时代的概念早在 1962 年就被提出,意指政府开始对人口和环境状况实施监控、定期收集有关土壤流失、气候、人口和就业等方面数据的时代,发展至 21 世纪,俨然已累积大量深度的历史数据。[25] 这种数据的采集既频繁又跨越时代,

97

足以用数字的形式勾勒出历史发展的轮廓和变动不居的发展背景,但迄今却很少有学者从专业的角度对其进行整体的观照。量化数据量的大幅攀升为新型的量化分析(quantitative analysis)提供了丰富的资源和广阔的前景,但现在的问题是,已有的数据当下只在短时期经济发展的背景下加以评估,并以此为据对未来的发展趋势做出预测。

好在在一些研究型大学,已使用宏观大数据一览整体大图景的星星之火,有学者已经开始关注政府收集的数据,并试图恢复计量史学(cliometrics),即通过对事物——如被征税和记载的财富、物品和服务等,还有人口数量——的量化研究历史(源自希腊神话中掌管历史的女神克里奥,Clio)。计量史学最初在20世纪70年代一度非常流行,那时罗伯特·福格尔(Robert Fogel)和斯坦利·恩格尔曼(Stanley Engerman)等经济史学家将美国北方穷苦工人的营养水平与美国南方的奴隶两相对照,并得出结论说资本主义制度还不如奴隶制,因为同是劳动者,北方工人消费的食物竟比不上南方的奴隶。当然,福格尔和恩格尔曼所采信的数字有很多问题,而且主张奴隶制"优于"市场经济,或称前者比后者"更理性",也没有什么道理。也许正是因为这种论证颇有含混不清之处,所以计量史学不久之后就偃旗息鼓了。[26]如前所述,在这场辩论中获胜的微观史学也存在吹毛求疵的诸多问题,因为后者总是拿个人的经历当向导,认定资本主义制度优于奴隶制。相比之下,尽管计量史学有上述弊端,自此却未能成为史学或经济学科研训练的一部分且为时已久。但在大数据的新时代,史学家能够把握的数据显然要丰富得多,而且更具统合性。

以可计数事物的量化数据为向导的历史研究现在又回来了,而且渐趋增多,在对阶级、种族、身份认同和权威等问题的处理上也比过去的做法多了不少敏感度。注重数据的史学家如克里斯托弗·戴尔(Christopher Dyer)可谓正在步原有量化转向的后尘,如同前人一样,他又在使用中世纪末期英格兰地区的业经检验的遗嘱文本并试图证明那时的社会风气对穷人还是颇讲关爱,也颇重社会公益的。[27]史学家托马斯·马罗尼(Thomas Maloney)试图弄清大萧条时期种族主义对失业人员的影响,同样重新启用了业已遭人遗忘的政府数据。凭借官方有关某些行业和就业情况的记录,他成功推演出辛辛那提市二十几年的社会发展趋势,证明那些生活在种族隔离区的人事实上比生活在混合区的人过得更好。[28]诸如此类的研究彰显了新的量化转向对有关种族经历和归属认同问题的深入和细化,说明微观史加长时段数据集是颇具潜力的一种方法。

在历史院系之外,运用上述数据集的研究规模要大得多。自 20 世纪 70年代以来,诸如自由之家(Freedom House)、国际研究与交流协会(IREX)等非营利智库和兰德公司等纷纷解囊资助政治学家的相关研究,后者从世界各国的多种文献中搜索包含"和平"与"冲突"、"民主"和"威权主义"、"出版自由"和"人权"的文本,然后将其归并以建立数据库。[29]自 20 世纪 90 年代末,有些数据库中有关人权进展的文本时限向前已经追溯到 1800 年,向后则一直推进到当今时代。[30]这些数据库有的属私人所有或受产权保护,但也有不少是可以共享的,而共享的数据库大大推进了学术创新。大数据同样推动了人们对不平等问题的历史理解。经济史学家和社会学家追溯社会不平等问题往往跨越数世纪、超越民族国家,追寻着身份认同的格局,其初步的研究已经证明:从较长的时段看来,这世界的男男女女、黑白人种、移民者和蛰居者在生活经历上也存在着巨大的差异。[31]

资料丰富了,而且跨越的时段也加长了,所以此时对学者们而言一个方法论的问题就产生了:究竟要把握多少背景知识才算真正了解某个特定的历史时刻呢?对照一下气候史、贸易史、农业生产史、食物消费史和其他物质资料史,我们会发现,环境因素都会介入到人类的生存条件之中。如果我们把现实的物种条件按照层次加以排列,便会惊奇地发现原来这个世界的变化竟是这么大!比如,自 20 世纪中叶,印度部分地区空气中的悬浮微粒不断凝聚,甚至影响到了 20 世纪后半期该地的季风格局。[32]将环境干扰和

99

人为事件两相对照,便能廓清人类应对全球变暖和海平面上升的历时举措。在荷兰的某些地区,海水的不断上涨甚至在两个多世纪前便开始改变该地的农业种植格局。[33]把政府有关农场的数据和有关天气的数据进行比对,便足以看清物质条件与人类行为之间的相互作用,认识到变化中的气候如何在几十年的时间里重新造就了不同的赢家和输家。

诸如此类的研究对我们有着深刻的寓意。早在大数据问世之前的 1981年,阿马蒂亚·森(Amartya Sen)就曾提出,民主的发展水平往往与防范饥荒的能力之间存在某种对应关系;[34]而近年来,又有学者利用大数据梳理历史上民主发展的水平与世界卫生组织提供的有关疾病发生、人均寿命、婴儿死亡率数据之间的关系,并得出结论说:整个 20 世纪,在世界多国、多地,民主发展水平与人们的健康状况之间有密切关系。[35]来自不同渠道的数据都证明了类似上述的关联性,说明社会发展与人们的健康状况仅在一个世纪的时间里发生了多么大的变化,更帮助人们看清了什么样的生活才是好的生活。[36]数据还显示,世界不同地区的历史演进有多么大的差异,比如,有些地区主要是低水平的农耕,所以产量低,人的个头也矮,多数人一辈子都营养不良。[37]把这些大数据累加起来并按照时空分布加以排列,不同地区的不平等状况、治理水平和市场成熟度便一目了然了。

上述文字证明了一个事实:我们的周围到处都有大数据,有关于民主发展水平的,有关于人们的健康状况、财富拥有量、生态环境的等等,不一而足。旧有的数据评估在不同的院系有不同的表现:政治学或国际关系关心民主问题,社会学或人类学看重财富分配,地球科学或进化生物学专司生态变迁。而今,所有院系的科研人员都认识到,不同类型的数据都必须放到历史背景的关系网中去考察才有望真正得到理解。悬浮微粒的污染与季风格局的改变之间有某种因果关系,海平面的上升也同样影响到了农业的发展,但只有把所有的数据放到一起才能看出多个因素之间历时的互动。所以说,巧妙地利用多方资源和数据便能得到经济学家和气候科学家从未领略过的历史图景。数据的范围拓宽了,数据的可靠性严格检验过了,内容从多个视角仔细地考察了,不同的相关性也就显见了,而且肯定发人深省。

无形的文献

历史学家有一个特别的嗜好和技巧,就是喜欢窥探那些上面标记着"慎勿阅读"(DO NOT READ)的文本,因为他们总想知道官方试图掩盖的东西。而今,在大数据时代,这种技巧又获得了新生。拥有的信息多了,就能够洞见文献中不曾言明的内容,也就是政府不愿让公众知道的那部分内容。这些被称作"黑色档案"(Dark Achives):文献本身不能为研究者所获,只能通过阅读解密的或已被删除的文件重新构建。在此,大数据可帮大忙,所以说通过大数据讲述的故事时段长、层次深,往往包括本已不再的内容,并告诉你这些内容是何时消失的以及为什么会这样。

在拓展文献、颠覆政府集权方面,史学家可谓独领风骚。史学家马 101
修·康纳利(Matthew Connelly)建立了一个名为"解密引擎"(Declassification Engine)的网站,专门帮助公众搜索美国国务院未刊发或未归档的报告和文献。这一技术使远在他乡的读者能够直接阅读甚至从未公开发表过的文献。事实上,康纳利的研究发现,自20世纪90年代以来,已有大量的历史文献被解密。这倒不是因为文献涉及某些个人或项目所以被加密,而在于美国政府在90年代开始自动地扣留或封锁所有有关政府项目的重要文献,以避免公众接触到。通过"众包"《政府信息公开条例》(Freedom of Information Acts)拒绝提供文献的记录,康纳利的解密引擎实际上等于向世人公布这样一个事实,即美国政府在数十年的时间里有意隐瞒某些重要的文献。[38]

在当今非政府组织盛行的时代,各式各样有关人类经历和机构组织的长时段数据集可以通过政府之外的渠道获得,主要是通过互联网强大的众包能力,故可谓是对政府数据的一种补充。使用互联网收集并分享各式各样的资源也激发了很多非政府组织团体从事新数据的归档整合,共同追溯梳理资本主义的发展历程。事实上,为数众多的社会科学工作者也一直在编辑整理各自的数据集,但自20世纪90年代起,许多数据集都做了计算机处理,甚至可以在网上分享。[39]结果,我们现在确实拥有了大量的数据集,这些数据集大多对民族国家和大公司、大企业持批判态度,而且为当今另类史学的展望提供了历史证据。2012年,德国四所研究型大学与国际土地联盟(ILC)合作,开始共同收集在全世界范围都有发生但却几乎隐而不见的利用金融资本"强占土地"(land grab)的相关信息。[40]在数据时代,史学家有能力讲述国家和投资者都不愿听到的故事。

国际土地联盟所能做的,其他很多组织也都能做。在大数据时代,一种积极主动的姿态是收集那些传统政府组织无视的社会现象的信息和数据并以此为基础提出改造国际社会的方案。类似的数据库有大胆揭露国家秘密档案的维基解密(Wikileaks)和及时曝光个人或公司偷逃税款、在海外寻求所谓避税天堂的海外逃税解密(Offshoreleaks),围绕后者,媒体记者尼古拉斯·谢森(Nicholas Shaxson)甚至撰写了一部涵括整个20世纪的著作,名为《宝岛》(2011)。[41]

当然,类似上述的数据库迄今题材还不是很广泛,大多也没有历史纵深,但它们却提醒有能力的史学家对此加以补充,比如可追溯后殖民时代房地产领域外商投资的演变:20世纪四五十年代殖民地国家都实施资源民族主义政策,可在近几十年却突然做了个180度的大转向,类似罗马尼亚、保加利亚和冰岛这样的国家纷纷对国际房地产投资商开放,为此前的半个世纪所未见。

黑色档案及围绕社区建构的地方档案提示我们,要认识当今世界还有多少珍贵的大数据可挖:政府为何是当今这种组织形式? 投资为何呈当前的这种走向？社会正义的命运终将如何？所有这些问题都需要大数据来帮助解答。数字化分析结合了上述的建模和其他历史分析工具，对于文献过多、根本无法一一细读的历史课题而言特别有用。因此，我们可以肯定地说，我们已经摆脱了信息超载的困境，因为我们有了新工具、新资源，足以帮助我们描绘长时段历史发展的大致轮廓，不至于像前人那样望文兴叹、无所适从。

凡有被替换或遭压制的证据一定要保存起来，因为这类文献往往是有关经济、政治和环境斗争的，是最不易保留下来也最容易凭空消失的文献。几年前，英国有一群力主生物多样性的活跃人士为消失的物种——包括已知的与尚不为人知的——竖起了一座纪念碑，因为它们都是人为气候变化的牺牲品。[42] 有时候，一些破旧的文献会为物种灭绝的大历史提供鲜明生动的证据，比如在 18 世纪，曾有一些为东印度公司等机构工作的博物学家，他们的个人收藏后来被生态学家找到，后者因此得以重构人类世时期物种灭绝的历史叙事。[43] 我们的图书馆里还缺少大量的有关植物、动物、原住民、被驱赶走的人或完全被遗忘的人的信息，因为这些都构成黑色档案的原始数据，很容易被遗忘掉。我们保存并重建这种数据集完全是出于道德方面的考虑，对科学史工作者而言，这项工作既富有挑战性，又是颇有价值的事业，因为这样做的结果是把历史的众多参与者和经历者写进历史，从而让读者看到更丰富的历史叙事，体味当时的经济是如何不平等、环境如何被破坏、民主及"现代"世界如何被一步步地形塑。

103

由以上可知，这类工具足以阐明历史，并回应当今人类对未来的理解：对于可持续城市建设的其他可能性或过去几个世纪的不平等现象，我们有了不一样的认知；对于各自国家的政治及世界经济发展的轨迹，活动家及公众也有了新的领悟。这种治史工具对我们认清当今世界的真实特征可谓不可或缺，成为新兴的利用技术手段勾勒长时段历史发展的典范。

我们究竟该如何思考未来与历史？

当今世界的历史叙事迷雾丛生，整个社会被各式各样的神话弄得四分五裂、莫知所从。所以显然，要克服这一点，仅凭数字化是不够的。悉心审慎地搜集整理各种可能的数据、问题和专题当然是必要的。为此，我们还要在问题的综合创新和相关性方面下功夫，务必在方法论上有所突破。事实上，当今的信息产业并未解决历史叙事中的因果关系问题，也未曾建构令人信服的长时段历史。颇为有名的例证来自谷歌和脸书（Facebook），这两个强大的网站迄今都未能找到某种灵验的运算法则，以让读者在众多的文献中——比如从上一年的全部期刊中——找到自己最想要的那一个。网站能够帮你确认哪些文献看的人最多，但要论哪个文献最具影响力，网站却帮不上忙。TechCrunch 的塔里·克诺拉（Tarikh Korula）和康奈尔大学的莫尔·纳曼（Mor Naaman）曾尝用多个历史年代表厘清当代事件的真实意义，并因此创建了一个域名为 Seen.co 的网站，能够实时显示推特（Twitter）上面不同话题标签的相对"热"度。[44]这一创意说明私营业界亟需真正懂得时间的专家，无论是短时期还是长时段。与此类似，另一名为 Recorded Future 的事件追踪网站能够发现叙事当中的共时性特征和相互关联，主要针对某些特定的公司和投资界，使用者多为情报人员和从事公司套利者。[45]公司的首席执行官克里斯托弗·阿尔伯格（Christopher Ahlberg）称该网站的目标是"帮助人们看清各类新闻的内涵和世界的结构"。[46]能够关注到事件发展的格局，并能发现对应关系和关联，这本是传统史学的看家本领，而谷歌公司据说为实现这一目标，仅 2014 年的初始投资就高达 80 亿美元。

纸机软件的生机勃勃为此提供了另外一个突出事例。纸机是 2012 年发明问世的，经过此后两年的细化和调试，其收集到的文本量还不是很大，

更多的只是教师和学生交流教学、科研事宜的微博记录。但即便如此,截至
2013 年,丹麦的一家军事情报公司已经开始采用纸机分析世界各国的官方
报道,并为本国的军事情报部门提供咨询。[47]纸机的设计本来是为研究历
史上各国政府的文献之用,现在被轻松改造,用以研究当代政府,这是因为
后者发布的文件数量极其庞大,以至其他国家的情报部门都感觉无力细读。
而厘清历史发展的大势,然后有针对性地锁定某些国家安全力量的变局,对
情报部门更有效地处理官方信息可谓至关重要。

在未来数十年,数据科学家、气候科学家、视图专家和金融部门的专家
肯定会摸索出特别强大的历时建模工具,可以想见,历史学在相关标准、技
术和理论的建设方面大有可为,因为史学的强项就是在看上去互不相干的
数据之间建立某种时序的关联,而这对于确定因果关系和相互关系而言特
别重要。从事保险、房地产、制造、生态环保或政治决策研究的各行业专家
要向潜在的股东或听众讲述本行业的发展轨迹并做未来展望都需要面对长
时段的问题,而潜在的股东或听众也会有自己的历史关切。这就需要史学
家去思考各种形式的历史叙事和治史方式的道德蕴涵问题,以及史学如何
能够回应当下世界、解决实际问题的问题。

大数据时代将改变大学的性质

信息超载且体大量多是我们必须面对的当今知识经济的一个现实问
题。数字化文献和工具的问世正是为了应对学者、媒体和普通公民都已感 105
受到的信息超载问题,帮助他们解读多种政府和公司的数据。既然面前的
资料文献太多,我们就必然需要能够汇通不同专业知识和数据的仲裁人,因
为这类知识和数据有经济学、生态学、政治学等多重性质,而且既往知识、数
据的收集者或收集机构往往目的不同且观点各异。大数据当然会改变大学

的功能。我们相信：未来的大学不只需要更多、更精确的数据，还需要能够裁断数据的专才。

大学是培养融通古今、胸怀未来的专业人才的场所。在气候变迁、经济波动、政治充满不确定因素的今日，这种具有长时段视野和胸怀的大学教育当然供不应求。大学要让学生学会反思人生与社会。当今世界，万籁剧变，而现实中的大学却试图以自身的悠久传统取代真正的长时段思维；在不同于今的社会中，负责长时段思考的往往是萨满、教士或长老们。我们当然需要真正长时段的思维，因为我们有必要更好地认清历史，在与历史的互动中探索美好的未来。

当然，现代大学中的专家们很多都缺少这方面的训练，所以面对当今世界的诸多问题往往感到应对乏力。甚至在较短的时段内，专事解析数据的科学家们也会犯错误，因为他们面对的大数据是长时段历史中多种机构共同收集的。比如，地理学家想要了解公众是否对气候变化问题有所反应，于是在美国科技信息研究所（ISI）的信息平台 Web of Knowledge 数据库中键入"climat＊ chang＊"和"adapt＊"关键词，然后总结相关话题或概念出现的频率。[48]但像这样数一数词频就真能得到有关美国越来越重视气候变化的结论吗？要在历史学刊，这样的做法根本就不作数，也不可能刊登。如本书第三章所述，即使科学家搜集到的有关气候变化的证据堆积如山，也根本不能说明学院外的公众对气候变化已经达成了一致意见。即使在更精细的层面上看，这篇论文的做法也不是没有问题的。作者选定的关键词甚至不包括"全球变暖"（global warming）和"环境变化"（environmental change）这种更注重论述的核心观念。更重要的是，学院内部讨论应对气候变化根本不代表院外的世界已经采取了类似的政治行动。

106　更令人惊讶的是美国人在谈论历史和未来失业问题时所使用的数据。在美国的政治学界、经济学界和国际传媒圈，人们全凭这种数据判断国民经济的好坏，甚至把自己的政治意愿（politically desirable）当作全民认可的目标。根据金融分析师兼社会指标史学家扎卡里·卡拉贝尔（Zachary Karabell）的说法，美国人用以衡量失业现状的做法本身就充满短期主义的偏见，因为在美国人看来，失业首先不包括各种正式工作以外的营业，这一范畴最初是"新政"（New Deal）时期制定的，反映了当时人们的偏见，比如居住在城市里的农民谋个营生，或妇女在家照顾孩子或老人，都不算"就业"。美国人用以衡量经济发展好坏或是否实现了某个经济目标的标准同样有短期主义的偏颇，因为在 1959 年以前，没有任何一个机构会像我们这个时代一样设定一个基于统计数字的"失业"概念。卡拉贝尔写道，其实总统选举中被人用来界定成功和失败的许多"所谓的自明之理"（supposed truism）都是错误的，比如被人广为接受的信条：如果失业率高于 7.2％，没有哪个美国总统可以获选连任。这种虚幻不实之词"依据的只不过是五十几年的经验"，而五十几年的时段"只不过历史的一瞬间，还根本不足以据此得出确定不移的结论"。[49]

差不多每一个机构在收集长时段数据的时候，都会伴随时代的发展细化和调整收集数据的方法。1941 年成立的名为"自由之家"的非政府组织最初收集有关和平、冲突和民主化等方面的数据时特别重视出版自由；而数十年之后实施的全球政体研究项目（Polity Project）却采用了完全不同的标准，是以制度确定其属于民主还是独裁。在此，政治科学的价值观虽然改变了，但就衡量民主的标准而言，自由之家和全球政体研究项目却各得其所、各具用途。[50]不过在其他一些领域，衡量标准的改变俨然会使数据的用途大打折扣。比如，在微波炉尚未问世的年代，用以衡量消费价格指数（CPI）、通货膨胀或国内生产总值（GDP）的标准及其背后的理论界说和所谓定律都充斥着旧世界贵族和长老会的长老们似乎牢不可破的偏见。卡拉贝尔认为，正因如此，我们这个时代的金融机构才彻底抛弃了传统的经济衡量标准，改由数学家和历史学家共同"定制指标"（bespoke indicators），要求能够反映当代人的生活实际。[51]

107

至此,我们一直在探讨数据的未来前景,但却对数据来源的时代重视不够。在当今的信息社会,我们亟需有能力裁断信息数据历时沿革的专家。诚然,当今时代的气候学家和经济学家们仍在做历时的分析,仍在为世人描绘大的意义图景,比如探讨古罗马帝国或玛雅文明为什么会最终灭亡,但这些学者通常都不问资料数据的来源:是来自拒斥民主为社会解体的万恶之源的统治精英?还是后世惟武至尊、弹冠相庆的帝国统领?[52]正因我们这个时代遭遇信息超载,我们才特别需要对周边漫无边际的信息数据做历史的处理,其中既有来自官方的有关就业、税收、土地和水资源的记录,也有来自非官方的黑色档案、日常生活的记载和长久以来被压制的声音。

专家之间的战争

说到数据的仲裁,研究型大学的历史院系自然责无旁贷,因为这项工作所需的特殊才能和专业训练只有史学才能够提供。而作为仲裁,其职责之一是对历史做出解析,全世界的史学家都有能力为此作出贡献。史学家深深懂得,我们在选择所使用的数据时非常纠结的问题其实在本质上关乎伦理道德。当今时代,信息服务业、金融部门和各式各样的社会活动家都渴望能够对全世界大大小小的事件作出睿智公允的解释,史学家的贡献当然非同一般。如果历史院系能够培养出研究工具的设计者和大数据的分析师,那就等于把史学专业的毕业生塑造成为知识生产的尖端人才,在学院内外都将大放光彩。

史学考量数据的工具有如下几个特征:关注数据本身的机构偏见;考定108 数据的真实来源;比较性质不同的数据;拒斥广为流传的神话的强大诱惑力;明了世间万物都事出多因。此外,史学家还特别擅长解析、批评、怀疑一代又一代政府机构的所谓"官方意志"(the official mind),并调查其收集、管理数据文献的思路和方法。史学家反思数据文献的历史与未来的传统可以追溯到哈罗德·珀金（Harold Perkin）有关专业化史的论述，或更早一些的马克斯·韦伯有关科层官僚史的著作。[53]此类著述一贯的立场是，现代官僚体系、科学界，甚至数学家们提供的文献数据都无可避免地与其所来自的机构或群体价值观一致。有时，这种价值偏见出自某个地区或行业，比如资助美国陆军工程兵团的某个组织；有时出自专家团体，比如提出穷人拥有的资源对市场经济而言从来都是无足轻重的，或主张经济学家乃经济增长不可或缺的资源，即便大多数经济学家的学识只是将既有的财富集中到少数人手中。[54]相比之下，史学专业培训的目标是让学生学会辨别各种各样的文献和数据，哪怕文献数据来自完全不同的渠道。其他学科恰恰常常忽略这一方面的训练，因此，有能力研读不同时代性质各异的文献数据可谓史学家的专长。

　　史学家对流传久远的神话历来持批判的态度。后者还有另外一个名字，叫做"元叙事"。自20世纪60年代起，大量的历史理论和历史哲学理论都特别关注史学如何对前代文化的偏见保持批评性的问题，包括所谓欧洲白种人的新教价值观最为优越的问题。就治史思未而言，能够对那些被人奉为普世规则的东西保持怀疑态度可谓至关重要的史学工具之一。历史学主张，没有哪一条自然法则能够预测某个种族或宗教就一定胜过其他种族和宗教，虽然在某个历史年代，某种驱力确实会伴随某些体制的沉浮起落，比如能够以史无前例的规模驾驭军事技术或基础设施。[55]正是这种怀疑精神使得史学家不同于各种基要主义（fundamentalisms）的鼓吹者，说什么民主体制或美国文明注定要战胜其他体制和其他文明。

　　当今时代，大数据的问世似乎在提示我们，我们正深陷在自我编制的历史漩涡之中，我们前行的路径有赖于某种更大的先于人类的架构。比如，一份著名的经济学杂志刊文《女人与犁》称，其实现代人的性别角色自农业兴起之日便已决定了我们的好恶。[56]另有学者提问："国富国穷的格局难道不

109

131

是在公元前 1 000 年就已确定了吗?"[57] 可见,如同经济学一样,进化生物学也被文献数据的大量涌现所困扰,关乎人的主体性,仅读了少许文献的学者迄今还只能得出一两种假说。于是有人提出,其实罪过在人这一类物种本身,或在农业的兴起,或在火的发现。有学者认为,人类的基因是等级制和贪婪的根源,同时也决定了人的性别角色,注定了人要向地球索取资源。但性别角色和等级制在人类历史上的表现却是多种多样啊!

当学者们热衷讨论所谓承继自狩猎采集时代先祖的不变的法则时,他们似乎忘记了——这也许是堆积如山、无法及时消化的大量所谓证据所致,他们的理论,经由达尔文和马尔萨斯的转译,其实有一个核心的逻辑,那就是:既然地球本身是不变的,那么地球上的造物,包括人本身,亦应呈现某种确定不移的行为格局,背离这种格局肯定是要遭殃的。在进化生物学和新自由主义经济学的视界中,人类没有可能选择自己的未来,未来也从不会有多种可选的路径。所有这些在本质上都属于还原主义的呓语,却把自己打扮成有数据支撑的贯通历史与未来的宏大理论;而历史学家早已看出,他们这些都是过时的理论。

还有时,学者们会不断地教导人们要这样或那样地去管理社会、处理与其他族群的关系。对于经济学家和政治学家强调的发展有马尔萨斯极限、人类已经超越地球的"承载能力"等说辞,历史学家早已看出,其实这些不过是原教旨主义神学命题的重述,而全然不是什么可以证明的事实。诚然,现代经济学家已从他们的理论图景中去除了被人滥用的上帝形象,但其历史理论却还是 19 世纪早期的,即认定整个宇宙的设计就是要惩治穷人,而富人之所以富有是因为他们遵从自然法则。[58] 而今,人类学家已有充分证据说明,古往今来的多个社会也有阶级划分,但却没有采取驱逐或让人挨饿的形式。[59]

自然法则和某种格局的主导虽然存在,但却不意味着个体人必须接受某种特定的命运:即使在前者的把握之中,个体还有选择的能力,表现为个人的主体性,这毕竟是塑造未来的多种因素或力量之一。杰弗里·霍奇逊在对现代经济学学科进行了仔细的分析之后做了这样的小结:"主流的经济学特别注重平衡概念,但同时却忽视了因果关系问题。"霍奇逊说:"当今的研究者全神贯注于数据的采集和数学建模工作,却经常看不到问题的本质。"[60]

历史院系之外,几乎没有什么学者接受过正规的训练以至有能力验证自己研究领域的结论,历史学仿佛离他们真的好远。现状正如是:生物学家只顾研究生物,经济学家只管经济学;而历史学家研究的差不多总是某种东西的历史,而且不断地拷问着自身文献数据的来源并作出评价,甚至(或尤其)对同行史学家的作品亦如是。在传统的史学院系,事物的多因性就暗含在院系的架构之中,因此历史系的学生要学习思想史(intellectual history)、艺术史、科学史等多个分支学科的课程,并在这一过程中学会欣赏历史的多面性、事物的多重因果关联和多个史学家对历史事实的建构。当今的情况不同了:差不多每个史学家都试图把上述多种工具合而为一,结果是社会经历、生态背景、思想观念、外交政策等的大杂烩。换句话说,他们要研究过去两个世纪的历史,就会去翻阅记录普通工人生活的史料,然后拿某一次生态灾难做背景,最后再引用几句律师或政客的高论就算万事大吉了。但无论如何,用史学家詹姆斯·弗农(James Vernon)的话说,这些现代史学家至少是在努力"书写全球现代性的历史,看到了这一过程的多因性和现状的趋同性特征"[61]。他们至少把有关不平等、政策和生态系统的内容写到了同一页纸上,所以写出的东西还是涵括多因,论证叙事也是蛮复杂的。[62]

在大数据的世界,我们亟需能够比较分析多种量化质化文献数据的专才,比如能够体味到法庭记录的文字中透露出的当事人的情绪,能够比照官方或业主对待自然的态度和开发自然资源的意愿来判断气候变化问题的实质。谁能告诉我们,有关气候变化辩论中的理性与不平等问题讨论中的理性究竟有什么不同? 这两套历史、这两种理性真的不可协调吗?

111

如果没有史学理论坚守的多因论,基要主义和教条主义就有可能泛滥成灾。在当今历史逐渐被世人淡漠的情况下,很多人都无法相信在他们能够想象的唯一前景之外还会有他种的前途。据说,人类这种动物的命运早在远古就已经注定,而且人类的未来只有两种选择:要么经历环境灾难,要么服从自封的精英统治,因为后者基因优质或技术高强。但如果提问:我们因何与祖先思考问题的方式有所不同呢?答案则很显然:前辈们收集数据可能是出于别的目的,但我们却学会了批判地使用这些数据和理论。[63]

历史学家理当成为发明新方法论的先锋,理当对总体的社会变迁保持关注。至少,他们要经常地通过关键词搜索的方式比较和区分期刊论文、政策文件和新闻报道中有关经济发展的报告和气候变化的数据,甚至使用聚合关键词和推文(tweets)实现搜索,因为流动的比特构成了我们这个时代的公共背景。历史学家是很理想的数字工具的评议者,比如 Ngrams 或纸机,因为他们能够讲出数据的来源,而且知道哪些问题可以找到答案,哪些却不能。

研究型大学的重生……还要注重道德

运用大数据将历史事件做序列处理,这种方法目前还处于创新阶段。我们还没有能够梳理观念、个人和体制历时影响的工具,我们还期待着大学培养出的毕业生能够把大数据转成长时段的历史叙事,同时用历史作指导,以确定哪些数据可用、哪些不可用。史学家一旦重返长时段,而不是忽视它或把它看成是纯二手文献的堆积,他们就会成为上述多种数据文献的批评家。若此,有关气候、生物多样性、现代制度史、此前上千年或五百年的法律的数据文献,以及监狱记录、文化变迁的语言史证据、贸易、移民及移民过程中出现的文化置换等大量证据,都有可能被编订成册。目前急需的是如何

112

教会下一代把所有这些文献数据或证据编织成一部多因共鉴、彼此通融的历史叙事。

对历史及其意义的基要主义诠释时代已经告一段落，无论这种基要主义宣称所谓气候末世论、狩猎采集基因说，还是只能由少数人统治的资本主义命定信条。与此正相反，我们要为学界寻找新的领袖，引领学者严厉苛刻地分析拷问整个人类历史经验和制度建构文献数据。我们要在改进研究工具和分析形式上加大投入，要能够批判性地考察大数据的多个来源，以廓清整个人类历史和未来制度的路径和脉络。面对多种全球性的挑战，我们是否有能力在坚实知识的基础上创造性地开辟一条可行的通往未来之路全系于此。

伴随可能的史学革命，史学家同样需要改变自身的角色。他们有望代表广大公众去拥抱未来。他们要充满自信地开始书写大图景，要使用多种数据文献，要让读者感受到证据的力量，但文笔却要流畅、格调也需轻松，要让非专家也能懂、让门外汉也喜闻乐道。要培养史学家认识到什么样的长时段叙事是好的叙事，要学会把微观史学拷问档案的本领与宏观视野中的大问题结合起来。如今长时段的研究工具不断丰富，每个史学专业的研究生都在尝试着对历史做跨世纪的解读，而各个大学的历史院系也都在谈论历史学术要面对什么样的读者和听众，如何才能做好大规模、长时段的历史研究。历史学家要重新做回到历史知识的仲裁者和综合者，就必然要学会梳理来自人类学、进化生物学、神经科学、贸易史、经济史、历史地理学等多个学科或分支学科的证据并将结果整合成多种宏大的叙事，同时明白交待自己的立场和立论根基。

这一新的挑战将逼迫史学家在众多把控关乎历史与未来的文献数据的公共机构中采取更加积极活跃的姿态，不止是政府和活动组织的文献数据库，还包括图书馆、档案馆等，尤其是那些库存有别于政府机构的文献数据收集场所，比如出于某些政治精英的利益，有些事关特定种族的官方档案被

113

撤销了。[64]处于文化濒临被置换命运的社会,其历史尤其不易被保存下来。但如果我们——以及未来的人——要如实地理解当今世界所发生的一切,就显然有必要让人去保管这些人的历史。

历史学家要承担文献资料仲裁和被遗忘历史的挖掘者的双重职责,就必须更加积极地参与文献资料的保管并不断对公众交待文献保管的现状,即哪些被保留了下来,哪些没有。数字化工程的弊端是用英语写的民族主义的记录占了绝大多数,这就提出了底层、第三世界国家和少数民族语言书写的文献的代表性问题,或曰后者的数字赤字问题。文献资料的数字化是由国家建设项目(在许多地方都如是)资助的,所以常有有关妇女、少数民族和穷困者的文献资料不能被数字化的问题,或者即使数字化了一些,整体的资金投入也很不够,甚至根本没有资助。正像书籍需要合适的温度和湿度才能长久地保存——不然就会腐烂——一样,数字文档的服务器也需要不断的资金投入才能维持运转。数字工具能够推动长时段的综合,靠的是多重视角而非民族国家的支持,所以就必须要保证完备电子文档的创建和保存。

上述问题的有益解决在很大程度上得益于微观史学重视特别的和易损毁文献的传统,因为这些文献有助阐明奴隶制、资本主义及家庭生活史的真实内涵。事实上,如何对事关底层的长时段微档案通过数字化进行整体的保管已经成为一个新的非常重要的学术前沿问题。这一工作首先需要大量的劳动,其背后往往还有相当多的条分缕析的批判性考证和思维工作作支撑,所以理当得到认可,甚至通过特别的馆藏出版、拨款、奖金等形式,鼓励学者积极参与长时段微档案机构管理的科研。这可谓是另一种形式的扶助长时段公共史学的付出,其目的不是要赢得多少受众、出版多少本书或让更多的官员有机会接触历史,而在于如何悉心地整理文献器物、编排故事、配置资源、设定就业岗位等等,以保证需要为真正有价值的宏观历史叙事提供细微支撑时有全套的条理清晰的微档案库藏。

如果史学家——或其他任何有历史意识的学者，包括学文学的学生和 114
社会学家等等——有志接受这种挑战，那么他们肯定会成为新时代信息设
计的先锋。为此，他们可与档案学家、数据科学家、经济学家和气候科学家
合作，以确保能够收藏和保存长时段大规模的综合文献和数据以考察历史
变迁。在不远的将来，史学家的成果将成为大学内外人们竞相求助借鉴的
对象，因为那时的史学家俨然成为了集工具的制造者、评价者、消费者和传
承教导者于一身的专家。这种变革将产生巨大的潜能，足以为一些史学家
带来职业生涯的革命，那时的史学家绝不止是课堂上的教员，他们还将为立
法委员会提供数据分析，为社会活动家组织活动提供建议，为在硅谷开业的
公司提供咨询，从此将找回史学家传统以来的公共角色，而且理直气壮、志
在必得。这种变革亦将改变未来史学家招收和培养的模式，因为他们要在
其他专业领域或计算机科学的培训上花上相当的工夫，而这些将成为史学
专业重要的资产。

在不远的将来，我们期待着数字化工程更大程度地提升计算机分析大
规模数据的能力。我们希望史学理论家会反思此类工程究竟在何种意义、
何种程度上对传统的单个学者读文献的治史模式有所补正、综合和拓展。
更重要的，我们期待着这种采纳多种来源、注重多个方面——包括物质、经
济、人口、政治和思想——的史料的综合研究会产出意想不到的新发现，帮
助世人更好地认清长时段历史变化的趋势以及当今世界我们所处的真实
境地。

诚如本书第三章所述，长时段的历史视野有助于人们在瞻望未来时拒
斥各种主观臆断历史未来说。当今世界，神灵论者、环保主义者和自由市场
经济理论家们已不屑于彼此争论，而此时我们正需要有专家站出来，耐心地
陈述自己的文献数据并做综合的长时段解读，认真地考证和比较周围充斥
的各类数据，剔除无关的、去掉编造的，然后解释这些数据何以如此。在此，
历史可以承当仲裁者的角色：它可以把新自由主义、神创论和环保主义并置

115 在一起加以综合考察，它要向学生亮明多位专家对此的看法、立论的根基和支撑的文献数据，包括政治、经济、意识形态和文化的论说。

批判性的历史思维工具就是要拷问文献资料的来源，考虑到历史的多重因果关系，有意地使我们摆脱广为传扬的神话的影响，比如说什么自然法则早就注定了市场、国家和整个星球的命运，等于说广大群众只有等待饿死和最后的毁灭。历史学家毫不掩饰自己的观点：那种有关市场和气候灾难的说辞只是一种主观臆断，而其最终对同类的抛弃更是别有用心的一种选择；但除此之外，我们还有其他可能的选择。历史学家的做法是，拿出有关地球资源储备和人类利用资源现状的坚实数据，然后指出深度历史中的多种另类发展路径，最后明言未来有多种可能的前景。

聚焦类似上述的视角，以及这些视角的考察如何颠覆没落的体制、塑造知情的公民、促成更加开放的政府，大学可由此重新学会如何服务公众。开源的资料和可以反复使用的工具都是建立在现有的文献数据基础之上的，有了这些，史学家和公众就可以从更深层的背景审视历史事件，并从而构建服务当今时代至关重要的历史叙事。当今时代，世人在思考未来时常被各种危言耸听的危机所困，而大多数机构在筹划未来时却总是以不到五年的周期为限，所以学会用适当的工具综合考察各类信息、厘清长时段历史变迁的轨迹显得愈发重要。使用大数据和数字工具做历史分析昭示着政府、社会活动家和私营部门会竞相以各自的模式展示自己对未来发展前景的理解。

当今时代，人们对有关历史与未来的信息出现了供不应求的局面，这意味着围绕综合处理大量信息的工具将会迸发出一个新的市场，凭借这些工具，人们便可轻松了解气候和市场的变化过程和规律，以及政府和公众是如何应对这些变化的。伴随数据文献规模的日趋庞大，综合处理信息的工具也自然会越来越多、越来越先进。在不远的未来，史学家有望成为新时代的数据文献专家，他们会向公众交流其他学科的数据、方法和成果，并以自身

的学术强项对此作出分析、比较和对照,比如主增长的经济学和警示危机的
气候科学。

数据文献的确代表着大学的未来。当然,在现在的大学里,还有很多人
文学者甚至历史学家不愿相信这一点。究竟是拥抱短时期,还是放眼长时
段? 究竟是接受还是不接受当世认可的结论? 大数据究竟该如何使用? 这
些当然属于方法论问题,但同时又属于治学伦理的问题,答案最终还需自己
给定。作为史学家,我们是甘心把解决危机提案的权力交给其他院系的同
仁,还是要发奋写出更好、更真实的历史,那种如西蒙·沙马(Simon Schama)
所言"让人在黑暗中保持清醒"的历史,[65]诚实面对公众、决策者和当权者,
让他们摆脱一知半解和固执己见?

116

【注释】

[1] Ann Blair, 'Reading Strategies for Coping with Information Overload ca. 1550—1700', *Journal of the History of Ideas* 64(2003), 11—28; Brian W.Ogilvie, 'The Many Books of Nature: Renaissance Naturalists and Information Overload', *Journal of the History of Ideas* 64 (2003), 29—40; Daniel Rosenberg, 'Early Modern Information Overload', *Journal of the History of Ideas* 64(2003), 1—9; Ann Blair, *Too Much to Know: Managing Scholarly Information Before the Modern Age*(New Haven, 2010).

[2] Prabhakar Raghavan, 'It's Time to Scale the Science in the Social Sciences', *Big Data and Society* 1(2014): doi:10.1177/2053951714532240.

[3] 比如可参阅 David Geggus, 'Sex Ratio, Age and Ethnicity in the Atlantic Slave Trade: Data from French Shipping and Plantation Records', *The Journal of African History* 30 (1989), 23—44; Thomas C. Peterson and Russell S.Vose, 'An Overview of the Global Historical Climatology Network Temperature Database', *Bulletin of the American Meteorological Society* 78(1997), 2837—2849; Stephen C. Trombulak and Richard Wolfson, 'Twentieth-Century Climate Change in New England and New York, USA', *Geophysical Research Letters* 31(2004), 1—4; Indra De Soysa and Eric Neumayer, 'Resource Wealth and the Risk of Civil War Onset: Results from a New Dataset of Natural Resource Rents, 1970—1999', *Conflict Management and Peace Science* 24 (2007), 201—218; David Eltis, 'The US Transatlantic Slave Trade, 1644—1867: An Assessment', *Civil War History* 54(2008), 347—378; Nathan Nunn, 'The Long-Term Effects of Africa's Slave

Trades', *The Quarterly Journal of Economics* 123(2008), 139—176; Kenneth E.Kúnkel et al., 'Trends in Twentieth-Century US Snowfall Using a Quality-Controlled Dataset', *Journal of Atmospheric and Oceanic Technology* 26(2009), 33—44; Nathan Nunn and Leonard Wantchekon, *The Slave Trade and the Origins of Mistrust in Africa* (National Bureau of Economic Research, 2009); www.nber.org/papers/w14783; David Eltis and David Richardson, 'The Trans-Atlantic Slave Trade Database Voyages; "Introductory Maps"', Map(Emory University; Digital Library Research Initiative, 1 January 2010); https://saylor.longsight.com/handle/1/12201; Lakshmi Iyer, 'Direct versus Indirect Colonial Rule in India; Long-Term Consequences', *The Review of Economics and Statistics* 92(2010), 693—713; Adrian M.Lister, 'Natural History Collections as Sources of Long-Term Datasets', *Trends in Ecology & Evolution* 26(2011), 153—154; Enric Tello and Marc Badia-Miró, 'Land-Use Profiles of Agrarian Income and Land Ownership Inequality in the Province of Barcelona in Mid-Nineteenth Century', January 2011; http://repositori.uji.es/xmlui/handle/10234/20513; Patrick Manning, 'Historical Datasets on Africa and the African Atlantic', *Journal of Comparative Economics, Slavery, Colonialism and Institutions Around the World*, 40(2012), 604—607; Colin F. Wilder, 'Teaching Old Dogs New Tricks; Four Motifs of Legal Change from Early Modern Europe', *History and Theory* 51(2012), 18—41; G.S.J.Hawkins et al., 'Data Rescue and Re-Use; Recycling Old Information to Address New Policy Concerns', *Marine Policy* 42(2013), 91—98。

[4] Edward Tufte, *The Visual Display of Quantitative Information*, 2nd edn(Cheshire, ct, 2001); Daniel Rosenberg and Anthony Grafton, *Cartographies of Time* (New York, 2010).

[5] Tomiko Yamaguchi and Craig K. Harris, 'The Economic Hegemonization of Bt Cotton Discourse in India', *Discourse & Society* 15(2004), 467—491; Anabela Carvalho and Jacquelin Burgess, 'Cultural Circuits of Climate Change in UK Broadsheet Newspapers, 1985—2003', *Risk Analysis* 25(2005), 1457—1469; Francis L.F.Lee, Chin-Chuan Lee, and Nina Luzhou Li, 'Chinese Peasants in the Process of Economic Reform; An Analysis of New York Times's and Washington Post 's Opinion Discourses, 1981—2008', *Communication, Culture & Critique* 4(2011), 164—183; Alan Partington, 'The Changing Discourses on Antisemitism in the UK Press from 1993 to 2009; A Modern-Diachronic Corpus-Assisted Discourse Study', *Journal of Language and Politics* 11(2012), 51—76; Bruno Turnheim and Frank W.Geels, 'Regime Destabilisation as the Flipside of Energy Transitions; Lessons from the History of the British Coal Industry (1913—1997)', *Energy Policy*, Special Section; Past and Prospective Energy Transitions — Insights from History, 50(2012), 35—49.

[6] John Cook et al., 'Quantifying the Consensus on Anthropogenic Global Warming in the Scientific Literature', *Environmental Research Letters* 8 (2013); doi; 10. 1088/1748—9326/8/2/024024.

[7] Brad Pasanek and D. Sculley, 'Mining Millions of Metaphors', Literary and Linguistic Computing 23(2008), 345—360; D.Sculley and Bradley M.Pasanek, 'Meaning and Mining; The Impact of Implicit Assumptions in Data Mining for the Humanities', Literary and Linguistic Computing 23(2008), 409—424; Frederick W.Gibbs and Daniel J.Cohen, 'A Conversation with Data; Prospecting Victorian Words and Ideas', Victorian Studies 54

(2011)，69—77；Joanna Guldi，'The History of Walking and the Digital Turn：Stride and Lounge in London，1808—1851'，The Journal of Modern History 84(2012)，116—144；Matthew Lee Jockers，Macroanalysis：Digital Methods and Literary History(Urbana，2013)；Ted Underwood，'We Don't Already Understand the Broad Outlines of Literary History'，The Stone and the Shell 8(2013)：http://tedunderwood.com/2013/02/08/we-dont-already-know-the-broadoutlines-of-literary-history/.

[8] http://papermachines.org/；www.zotero.org/.

[9] Jo Guldi，*The Long Land War*：*A Global History of Land Reform*，*c*.1860—*Present* (forthcoming).

[10] 丹尼尔·罗森伯格(Daniel Rosenberg)有关谷歌书籍文献库的研究表明，Ngrams 之所以能够显现出一系列的转向(turns)，与谷歌书籍的选目采集有关。但无论如何，Ngrams 软件对跨大陆、跨时段的比较研究还是颇为有用的，可以用它比较英语、德语、法语、俄语和希伯来语中诸如 holocaust 和 shoah 之类的词使用频率的高低起落。总体而言，使用字段提取与综合的方法，再辅以其他形式的历史叙事，对溯源现代世界成型过程中的基本事件和主要斗争还是有望获得难得的洞见的。Geoffrey Nunberg，'Counting on Google Books'，*Chronicle of Higher Education*(16 December 2010)：http://chronicle.com/article/Counting-on-Google-Books/125735；Anthony Grafton，'Loneliness and Freedom'，*AHA Perspectives* (March 2011)：www.historians.org/Perspectives/issues/2011/1103/1103pre1.cfm；Erez Aiden and Jean-Baptiste Michel，*Uncharted*：*Big Data as a Lens on Human Culture*(New York，2013)；Daniel Rosenberg，'Data Before the Fact'，in Lisa Gitelman(ed.)，'*Raw Data*' *Is an Oxymoron*(Cambridge，MA，2013)，15—40.

[11] Franco Moretti，*Graphs*，*Maps*，*Trees*：*Abstract Models for a Literary History*(New York，2007)；Ben Schmidt，*Sapping Attention*：http://sappingattention.blogspot.com/.

[12] http://books.google.com/ngrams；www.wordle.net/；http://papermachines.org/.

[13] 有关后古典时代拉丁语的发展状况，现有可供数字研究的文献总字数在十亿以上，参阅 David Bamman and David Smith，'Extracting Two Thousand Years of Latin from a Million Book Library'，*Journal on Computing and Cultural Heritage* 5(2012)，1—13。

[14] Michael Friendly，'A.-M.Guerry's "Moral Statistics of France"：Challenges for Multivariable Spatial Analysis'，*Statistical Science* 22(2007)，368—399；Friendly，'A Brief History of Data Visualization'，in Chun-houh Chen，Wolfgang Härdle，and Antony Unwin，*Handbook of Data Visualization*(Berlin，2008)，15—56；Friendly，Matthew Sigal，and Derek Harnanansingh，'The Milestones Project：A Database for the History of Data Visualization'(2012)：http://datavis.ca/papers/MilestonesProject.pdf.

[15] Tim Hitchcock and Robert Shoemaker，'Digitising History from Below：The Old Bailey Proceedings Online，1674—1834'，*History Compass* 4(2006)，1—10：www.oldbaileyonline.org/；https://sites.google.com/site/colinwilder/.

[16] Central Intelligence Agency，*Potential Implications of Trends in World Population*，*Food Production and Climate*，Report No.OPR-401(Washington，dc，1974)；Crispin Tickell，*Climate Change and World Affairs*(Cambridge，MA，1977)，64；Jill Williams (ed.)，*Carbon Dioxide*，*Climate and Society*(Oxford，1978)；Council of Environmental Quality，*Global Energy Futures and the Carbon Dioxide Problem*(Washington，DC，1981)；Sheila Jasanoff，'Image and Imagination：The Formation of Global Environmental Conscious-ness'，in Clark Miller and Paul N.Edwards(eds.)，*Changing the Atmosphere*

(Cambridge, ma, 2001), 309—337; Paul N.Edwards, A Vast Machine: Computer Models, Climate Data, and the Politics of Global Warming(Cambridge, MA, 2010); Mike Hulme, 'Reducing the Future to Climate: A Story of Climate Determinism and Reductionism', *Osiris* 26(2011), 245—266.

[17] G.van der Schrier et al., 'A scPDSI-Based Global Data Set of Dry and Wet Spells for 1901—2009', *Journal of Geophysical Research : Atmospheres* 118(2013), 4025—4048.

[18] Benjamin S.Felzer, 'Carbon, Nitrogen, and Water Response to Climate and Land Use Changes in Pennsylvania During the 20th and 21ˢᵗ Centuries', *Ecological Modelling* 240 (2012), 49—63.

[19] C.J.Caseldine and C.Turney, 'The Bigger Picture: Towards Integrating Palaeoclimate and Environmental Data with a History of Societal Change', *Journal of Quaternary Science* 25(2010), 88—93.

[20] Joseph A.Tainter, 'Energy, Complexity, and Sustainability: A Historical Perspective', *Environmental Innovation and Societal Transitions* 1(2011), 89—95; Geoffrey Parker, *Global Crisis: War, Climate Change and Catastrophe in the Seventeenth Century* (New Haven, 2013); Harry Verhoeven, 'Climate Change, Conflict and Development in Sudan: Global Neo-Malthusian Narratives and Local Power Struggles', *Development and Change* 42(2011), 679—707.

[21] www. eia. gov/totalenergy/data/annual/; http://data. un. org/; www. euromonitor. com; www.imf.org/external/pubs/cat/longres.cfm?sk=18674.0.

[22] Robert C.Allen et al., 'Preliminary Global Price Comparisons, 1500—1870', paper presented at the XIII Congress of the International Economic History Association, Buenos Aires(July 22—26), 2002: www. iisg. nl/hpw/papers/lindert. pdf; Livio Di Matteo, 'The Effect of Religious Denomination on Wealth: Who Were the Truly Blessed?', *Social Science History* 31(2007), 299—341; Kunkel et al., 'Trends in Twentieth-Century US Snowfall', 33—44; W. Bradford Wilcox et al., 'No Money, No Honey, No Church: The Deinstitutionalization of Religious Life Among the White Working Class', *Research in the Sociology of Work* 23(2012), 227—250; Tobias Preis et al., 'Quantifying the Behavior of Stock Correlations Under Market Stress', *Scientific Reports* 2(2012); Carles Boix, Michael Miller, and Sebastian Rosato, 'A Complete Data Set of Political Regimes, 1800—2007', *Comparative Political Studies* 46(2013), 1523—1554; Peter H. Lindert and Jeffrey G. Williamson, 'American Incomes Before and After the Revolution', *The Journal of Economic History* 73(2013), 725—765.

[23] Allen et al., 'Preliminary Global Price Comparisons, 1500—1870'; Konstantinos M. Andreadis et al., 'Twentieth-Century Drought in the Conterminous United States', *Journal of Hydrometeorology* 6(2005), 985—1001; Kees Klein Goldewijk, 'Three Centuries of Global Population Growth: A Spatial Referenced Population(Density) Database for 1700—2000', *Population and Environment* 26(2005), 343—367; Kyle F.Davis et al., 'Global Spatio-Temporal Patterns in Human Migration: A Complex Network Perspective', *PLoS ONE* 8(2013): e53723; Manning, 'Historical Datasets on Africa and the African Atlantic', 604—607; Zeev Maoz and Errol A. Henderson, 'The World Religion Dataset, 1945—2010: Logic, Estimates, and Trends', *International Interactions* 39 (2013), 265—291.

[24] David Eltis and David Richardson, *Atlas of the Transatlantic Slave Trade* (New Haven, 2010)：www.slavevoyages.org/tast/index.faces.

[25] Blair, *Too Much to Know*, 2, crediting the invention of the term 'information age' to Fritz Machlup, *The Production and Distribution of Knowledge in the United States* (Princeton, NJ, 1962).

[26] Robert William Fogel and Stanley L. Engerman, 'The Relative Efficiency of Slavery: A Comparison of Northern and Southern Agriculture in 1860', *Explorations in Economic History* 8(1971), 353—367; Fogel and Engerman, *Time on the Cross: The Economics of American Negro Slavery* (Boston, 1974); Fogel, 'The Limits of Quantitative Methods in History', *The American Historical Review* 80(1975), 329—350; Herbert G. Gutman, *Slavery and the Numbers Game: A Critique of Time on the Cross* (Urbana, 1975); Samuel P. Hays, 'Scientific versus Traditional History: The Limitations of the Current Debate', *Historical Methods: A Journal of Quantitative and Interdisciplinary History* 17 (1984), 75—78; Fogel, *The Slavery Debates*, 1952—1990: *A Retrospective* (Baton Rouge, LA, 2003).

[27] Christopher Dyer, 'Poverty and Its Relief in Late Medieval England', *Past & Present* 216 (2012), 41—78. 其他有关遗嘱文献的研究也已证实，19 世纪的富人更倾向哪个宗教教派。

[28] Thomas N. Maloney, 'Migration and Economic Opportunity in the 1910s: New Evidence on African-American Occupational Mobility in the North', *Explorations in Economic History* 38(2001), 147—165; Maloney, 'Ghettos and Jobs in History: Neighborhood Effects on African American Occupational Status and Mobility in World War I-Era Cincinnati', *Social Science History* 29(2005), 241—267.

[29] J. Foweraker and R. Krznaric, 'How to Construct a Database of Liberal Democratic Performance', *Democratization* 8(2001), 1—25; ScottGates et al., 'Institutional Inconsistency and Political Instability: Polity Duration, 1800—2000', *American Journal of Political Science* 50(2006), 893—908; Lee B. Becker, Tudor Vlad, and Nancy Nusser, 'An Evaluation of Press Freedom Indicators', *International Communication Gazette* 69 (2007), 5—28.

[30] Sara McLaughlin et al., 'Timing the Changes in Political Structures: A New Polity Database', *The Journal of Conflict Resolution* 42(1998), 231—242; Tatu Vanhanen, 'A New Dataset for Measuring Democracy, 1810—1998', *Journal of Peace Research* 37 (2000), 251—265; Nils Petter Gleditsch et al., 'Armed Conflict 1946—2001: A New Dataset', *Journal of Peace Research* 39(2002), 615—637; Andreas Wimmer and Brian Min, 'The Location and Purpose of Wars Around the World: A New Global Dataset, 1816—2001', *International Interactions* 35(2009), 390—417; Michael A. Elliott, 'The Institutional Expansion of Human Rights, 1863—2003: A Comprehensive Dataset of International Instruments', *Journal of Peace Research* 48(2011), 537—546.

[31] Jeffrey G. Williamson, *Winners and Losers over Two Centuries of Globalization* (National Bureau of Economic Research, 2002)：www.nber.org.revproxy.brown.edu/papers/w9161; Peter H. Lindert and Jeffrey G. Williamson, 'Does Globalization Make the World More Unequal?', in *Globalization in Historical Perspective* (University of Chicago Press, 2003), 227—276: www.nber.org.revproxy.brown.edu/chapters/c9590.pdf; David R. Green et al.,

Men, *Women*, *and Money*: *Perspectives on Gender*, *Wealth*, *and Investment* 1850—1930(Oxford, 2011); Emily R.Merchant, Brian Gratton, and Myron P.Gutmann, 'A Sudden Transition: Household Changes for Middle Aged US Women in the Twentieth Century', *Population Research and Policy Review* 31(2012), 703—726; Peter H.Lindert and Jeffrey G.Williamson, *American Incomes* 1774—1860(National Bureau of Economic Research, 2012): www. nber. org. revproxy. brown. edu/papers/w18396; John Parman, 'Good Schools Make Good Neighbors: Human Capital Spillovers in Early 20th Century Agriculture', *Explorations in Economic History* 49(2012), 316—334; 'Intergenerational Occupational Mobility in Great Britain and the United States Since 1850: Comment', *The American Economic Review* 103(2013), 2021—2040; Jan Luiten van Zanden et al., 'The Changing Shape of Global Inequality 1820—2000: Exploring a New Dataset', *Review of Income and Wealth* 60(2014), 279—297.

[32] Massimo A. Bollasina, Yi Ming, and V. Ramaswamy, 'Earlier Onset of the Indian Monsoon in the Late Twentieth Century: The Role of Anthropogenic Aerosols', *Geophysical Research Letters* 40(2013), 3715—3720.

[33] Aiguo Dai, Kevin E.Trenberth, and Taotao Qian, 'A Global Dataset of Palmer Drought Severity Index for 1870—2002: Relationship with Soil Moisture and Effects of Surface Warming', *Journal of Hydrometeorology* 5(2004), 1117—1130; Francisco Alvarez-Cuadrado and Markus Poschke, 'Structural Change Out of Agriculture: Labor Push versus Labor Pull', *American Economic Journal: Macroeconomics* 3(2011), 127—158; Urs Gimmi, Thibault Lachat, and Matthias Bürgi, 'Reconstructing the Collapse of Wetland Networks in the Swiss Lowlands 1850—2000', *Landscape Ecology* 26 (2011), 1071—1083; Hans de Moel, Jeroen C. J. H. Aerts, and Eric Koomen, 'Development of Flood Exposure in the Netherlands during the 20th and 21st Century', *Global Environmental Change*, Special Issue on The Politics and Policy of Carbon Capture and Storage, 21(2011), 620—627; Tello and Badía-Miró, 'Land-Use Profiles of Agrarian Income and Land Ownership Inequality in the Province of Barcelona'; Benjamin S.Felzer, 'Carbon, Nitrogen, and Water Response to Climate and Land Use Changes in Pennsylvania During the 20th and 21st Centuries', *Ecological Modelling* 240(2012), 49—63; Peter Sandholt Jensen and Tony Vittrup Sørensen, 'Land Inequality and Conflict in Latin America in the Twentieth Century', *Defence and Peace Economics* 23(2012), 77—94; Robert H. Bates and Steven A. Block, 'Revisiting African Agriculture: Institutional Change and Productivity Growth', *The Journal of Politics* 75(2013), 372—384.

[34] Amartya Sen, *Poverty and Famines: An Essay on Entitlement and Deprivation*(Oxford, 1981).

[35] Álvaro Franco, Carlos Álvarez-Dardet, and Maria Teresa Ruiz, 'Effect of Democracy on Health: Ecological Study', *British Medical Journal* 329(2004), 1421—1423.

[36] M.Rodwan Abouharb and Anessa L.Kimball, 'A New Dataset on Infant Mortality Rates, 1816—2002', *Journal of Peace Research* 44(2007), 743—754; Tanya L.Blasbalg et al., 'Changes in Consumption of Omega-3 and Omega-6 Fatty Acids in the United States During the 20th Century', *The American Journal of Clinical Nutrition* 93(2011), 950—962; Jean M.Twenge, 'Generational Differences in Mental Health: Are Children and Adolescents Suffering More, or Less?', *The American Journal of Orthopsychiatry* 81

(2011)，469—472；Johan P. Mackenbach，Yannan Hu，and Caspar W. N. Looman，'Democratization and Life Expectancy in Europe，1960—2008'，*Social Science & Medicine* 93(2013)，166—175.

[37] Joerg Baten and Matthias Blum，'Why Are You Tall While Others Are Short？Agricultural Production and Other Proximate Determinants of Global Heights'，*European Review of Economic History* 18(2014)，144—165.

[38] 'Declassification Engine'：www.declassification-engine.org/.

[39] R. Rudy Higgens-Evenson，'Financing a Second Era of Internal Improvements：Transportation and Tax Reform，1890—1929'，*Social Science History* 26(2002)，623—651. Higgens-Evenson 使用的是来自 Richard Sylla，John B. Legler，and John Wallis，*Sources and Uses of Funds in State and Local Governments，1790—1915* (machine-readable dataset)(Ann Arbor，mi，1995)的文献，而后者的文献来自政治与社会研究校际联合数据库(ICPSR)。

[40] http://landmatrix.org/en/about/.

[41] http://offshoreleaks. icij. org/search；https://wikileaks. org/；Nicholas Shaxson，*Treasure Islands：Tax Havens and the Men Who Stole the World* (London，2011).

[42] Rosemary Randall，'Loss and Climate Change：The Cost of Parallel Narratives'，*Ecopsychology* 1(2009)，118—129.

[43] Adrian M. Lister，'Natural History Collections as Sources of Long-Term Datasets'，*Trends in Ecology & Evolution* 26(2011)，153—154；Ryan Tucker Jones，*Empire of Extinction：Russians and the North Pacific's Strange Beasts of the Sea，1741—1867* (New York，2014).

[44] http://seen.co/.

[45] https://www.recordedfuture.com/.

[46] Quentin Hardy，'Crushing the Cost of Predicting the Future'，Bits Blog，*The New York Times*：http://bits.blogs.nytimes.com/2011/11/17/crushingthe-cost-of-predicting-the-future/?_php=true&_type=blogs&_r=0.

[47] Stephan de Spiegeleire 致乔·古尔迪的私人信件(2014 年 1 月 2 日)。

[48] Lea Berrang-Ford，James D. Ford，and Jaclyn Paterson，'Are We Adapting to Climate Change？'，*Global Environmental Change* 21(2011)，25—33.

[49] Zachary Karabell，*The Leading Indicators：A Short History of the Numbers That Rule Our World* (New York，2014)，44.

[50] Tatu Vanhanen，'A New Dataset Compared with Alternative Measurements of Democracy'，in Hans-JoachimLauth，Gert Pickel，and Christian Welzel(eds.)，*Demokratiemessung：Konzepte und Befunde im internationalen Vergleich* (Wiesbaden，2000)，184—206.

[51] Karabell，*The Leading Indicators*，125，130—135，147—149.

[52] Richard Grove and Vinita Damodaran，'Imperialism，Intellectual Networks，and Environmental Change：Unearthing the Origins and Evolution of Global Environmental History'，in Sverker Sörlin and Paul Warde(eds.)，*Nature's End：History and the Environment* (Basingstoke，2009)，23—49；Sörlin and Warde，'The Problem of the Problem of Environmental History：A Re-Reading of the Field'，*Environmental History* 12(2007)，107—130.

[53] Harold Perkin，*The Third Revolution：Professional Elites in the Modern World*

(London，1996)；Max Weber，*Science as a Vocation*(1917)，in Weber，*The Vocation Lectures*(ed.) David Owen and Tracy B.Strong(Indianapolis，2004)，1—31.

[54] Frédéric Lebaron，'Economists and the Economic Order：The Field of Economists and the Field of Power in France'，*European Societies* 3(2001)，91—110；Stephen Turner，'What Is the Problem with Experts?'，*Social Studies of Science* 31(2001)，123—149.

[55] Karl R.Popper，*The Poverty of Historicism*(New York，1961)；Hayden White，*Metahistory：The Historical Imagination in Nineteenth-Century Europe*(Baltimore，1975).

[56] Alberto Alesina，Paola Giuliano，and Nathan Nunn，'On the Origins of Gender Roles：Women and the Plough'，*The Quarterly Journal of Economics* 128(2013)，469—530.

[57] Diego Comin，William Easterly，and Erik Gong，*Was the Wealth of Nations Determined in 1000 BC?*（National Bureau of Economic Research，2006）：www.nber.org/papers/w12657.ack.同时参阅 Enrico Spolaore and Romain Wacziarg，*Long-Term Barriers to Economic Development*（National Bureau of Economic Research，2013）：www.nber.org/papers/w19361。

[58] Boyd Hilton，*The Age of Atonement：The Influence of Evangelicalism on Social and Economic Thought，1785—1865*(Oxford，1992).

[59] Marshall Sahlins，*Stone Age Economics*(Chicago，1972)；David Graeber，*Toward an Anthropological Theory of Value：The False Coin of Our Own Dreams*(New York，2001)；Graeber，'A Practical Utopian's Guide to the Coming Collapse'，*The Baffler* 22(2013)，23—35.

[60] Geoffrey M.Hodgson，'Darwin，Veblen and the Problem of Causality in Economics'，*History and Philosophy of the Life Sciences* 23(2001)，385—423.

[61] James Vernon，*Distant Strangers：How Britain Became Modern*(Berkeley，2014)，133.

[62] 最郑重其事地宣称此一观点的是 William H. Sewell，Jr，*Logics of History：Social Theory and Social Transformation*(Chicago，2005)；George Steinmetz，'"Logics of History" as a Framework for an Integrated Social Science'，*Social Science History* 32(2008)，535—553。有关造成人类世的其他原因的论述，参阅 J. Donald Hughes，'Three Dimensions of Environmental History'，*Environment and History* 14(2008)，319—330。

[63] 有关历史多因果说和未来有多种选择说，可比较 David J.Staley，*History and Future：Using Historical Thinking to Imagine the Future*(Lanham，MD，2007)。

[64] 有关最近的一些事例，参阅 Helen Shenton，'Virtual Reunification，Virtual Preservation and Enhanced Conservation'，*Alexandria* 21(2009)，33—45；David Zeitlyn，'A Dying Art? Archiving Photographs in Cameroon'，*Anthropology Today* 25(2009)，23—26；Clifford Lynch，'Defining a National Library in a Digital World：Dame Lynne Brindley at the British Library'，*Alexandria* 23(2012)，57—63；Jian Xu，'A Digitization Project on Dongjing：Redefining Its Concept and Collection'，*Microform and Digitization Review* 41(2012)，83—86；Tjeerd de Graaf，'Endangered Languages and Endangered Archives in the Russian Federation'，in David Singleton，Joshua A. Fishman，Larissa Aronin，and Muiris Ó Laoire (eds.)，*Current Multilingualism：A New Linguistic Dispensation*(Berlin，2013)，279—296；John Edward Philips，'The Early Issues of the First Newspaper in Hausa Gaskiya Ta Fi Kwabo，1939—1945'，*History in Africa* 41(2014)，425—431。

[65] Simon Schama，'If I Ruled the World'，*Prospect*(21 August 2013)：www.prospectmagazine.co.uk/magazine/if-i-ruled-the-world-september-2013-simon-schama/#.U7SBrKjXqBw.

结论　史学的大众前景

　　史学与大众未来的前景，在于我们能否重新学会在长时段的背景下解
读文献、事件和史料。在《导论》中，我们讲到建立大学的目的就在维系和拷
问绵延不绝的传统，所以大学自然要面对大众未来的挑战。在第一章，我们
说明了史学传统大都是既面向公众又指向未来，而不限于费尔南·布罗代
尔的长时段界说。在第二章，我们又指出长时段历史在经历了短期相对衰
退之后再度走向繁荣，但这一传统的回归与当今世界人类面临的一系列棘
手的全球问题密切相关。在第三章，我们说到服务大众未来的话语常常是
漏洞百出、彼此误解，甚至事关危及人类未来的气候问题、全球治理问题和
不平等问题都不乏主观臆断的成分。因此，我们提出了矫正之方：大众未来
转向。在第四章，我们展示了这方面的一些集体研究成果，成果基于新的对
历史数据的批判性分析，说明这种建设性的事业已经开启。

　　要回应大众未来的挑战，我们必须重新思考史学审视过去的方式。我
们已经谈到大数据对阐明历史有巨大的威力，能够驱散历史的阴霾、检验被
广为认可的智慧、拷问当红的历史理论。但回应公众未来的召唤还意味着
必须要面向公众阐述历史，即阐述的内容和观念要能为公众所接受和理解。
我们相信，历史要面向公众预示着历史写作必须朝下述方向调整：第一，历

史叙事要让非历史专业的人能够读懂并有所感悟;第二,要重视恰当使用图

118 示和数字工具;第三,要能够在大与小之间、"微观"与"宏观"之间妥善协调、适度融合,既要凸显文献档案研究的优势,又要张扬大图景的普遍关怀。

如果说长时段思维能够让我们达到预期的目标,那么接下来我们还需对思考大图景的具体技术和技巧做出概念上的交代。我们要怎样做才能建构富有批判性的长时段的历史叙事呢? 我们认定的能够融合多种叙事模式的框架都有哪些特点? 在课堂教学中又怎样教导学生既回首远望又翘首前瞻呢? 在此,我们对本书的要点作个小结,并试图从中提炼出瞻望未来的几种主要方式。简言之,要完成上述任务,就必须要专注历史的学者付出辛劳,他们要能够解释万事万物的由来,既要提供短期历史的确凿证据,又能指认其在大数据、长时段大图景中的时空坐标,还要有志服务公众,为他们做贯通古今与未来的通俗界说。这些方法对改造大学教育,甚至对科学家从事未来预测及公众如何应对提供科学蓝本和镜鉴。

当今世界,不平等现象在加剧,全球治理危机频仍,由人类活动导致的气候变化迹象日趋明显且影响日益显著。在这种情况下,哪怕要初步了解影响人类生活的整体状况,研究者也必须对研究问题做一些层次上的划分。伴随长时段的回归,我们的研究也有了新的目标,但仍需对历史方法论最基本的问题作出回应:在研究中究竟选择回答什么样的问题? 问题的边界如何确定? 使用什么样的工具才能解决设定的问题? 我们既然播种了历史与未来大图景历史讨论的种子,也就不难解释为何大历史、深度史及人类世之类的话语方兴未艾的原因了。在其他一些分支领域,这种大的趋势也同样昭然若揭,尽管后者并不总是高谈数据批判、图示展示、面向公众、面对社会活动家和政府决策等话题。

当今时代,短期主义明显出现了危机。不过,这倒不失为深究转变学术研究态度的一个极好开端。许多历史著作都明言目的在帮助读者洞悉未来打开一扇窗口,而有些——尤其是长时段的资本主义发展史和环境史——

则旗帜鲜明地指出历史对现实的功用。加州大学的史学家桑福德·雅各比
(Sanford Jacoby)借现代博弈论诞生于冷战期间的工业联合体这一历史结论
反思了读史的力量,然后热情洋溢地指出:"我们自当成为跨学科、大思维课
程的开拓者。"雅各比在商学院任教,在那里,他这样写道:"学生根本看不到
'大图景',所以很难摆脱当今时代观念的圈圄,而对此,史学家可作出很大
贡献。"[1]因此,要回应时代的挑战,治史者理应大胆地书写和传播通俗易懂
的历史叙事,把最新的有关政治史、经济史和环境史的研究成果凝练成广大
读者能够接受的文字。

　　公众需要了解,我们如何一步步走到了生态危机和不平等危机的边缘。
长时段的主题——比如应对全球变暖而不得不实施的经济转型、政策制定
必须充分考虑到社会底层的需求等——都包含深刻的道德寓意,这就要求
史学家的写作在形式上必须照顾到最大的受众,在内容上则需涵括整个人
类的经历,包括(但不限于)环境问题、治理问题、民主问题和资本主义道路
问题。大学必须改革,以提供更多形式的能够让公众获得有关共同未来知
识的途径。那些要花钱或通过大型的公共或大学图书馆网通链接才能阅读
的期刊也必须同时拓展更多的开源资料,以满足全球公众的阅读需求。[2]我
们还必须学会把研究所得以信息丰富的图示形式呈现给公众,同行评议要
做到迅捷、有效,以确保公众及时得到新的、至关重要的、有关政治决策的综
合背景知识。

　　微观史与宏观史,即短期分析与长时段概述,需协同作业,这样方有望
产出内容厚重、观点鲜明、充满道德蕴涵的综合性学术作品。批判史学则需
融通宏观与微观,申述貌似细枝末端的被压制的力量如何积聚起来并最终
掀翻了国家政权和帝国统治。琳恩·亨特可谓一语中的,"超大规模、长时
段的全球史当然不是唯一可以讲述的历史",但凭借细致入微的地方史的丰
富成果,长时段的历史必须要有人讲述,反过来也是一样,因为"历史研究的
层次取决于所要回答的问题"。[3]这里倒不是说微观史或任何形式的短期研

119

120 究就一定不具批判性。事实与此正相反：我们曾指出历史能够回应新自由主义经济学和气候灾变论的神话，在此，大量证据正是来自潜心文献的史学研究成果，而驱动这类研究的往往是深层次的富于争议的问题。但至少自20世纪70年代以来的历史专业培训通常不鼓励学生思考大的图景，唯独重视批判性地细读某个领域的原始文献，这一点也的确是历史事实。

　　谈到微观史与宏观史结合的问题，人类学在这一方面反倒走在了史学的前头。以书写东南亚长时段史的詹姆斯·C.斯科特（James C. Scott）为例，作者在这部书里探讨了中华帝国边陲高山小地佐米亚（Zomia）的深度史。作者研究发现，佐米亚的居民为避世乱来到此地，在这里，人们过着仅能维持生存的生活，靠卖采来的野物或根茎为生而不种田，政治平等而没有阶级差别，不信宗教但不乏预言文化，讲述世代相传的故事而没有固定的历史。这种有关山地居民跨世纪的微观史叙事有力地颠覆了既有的宏大神话，即凡人都不可避免地发展成帝国、中央集权、资本主义制度或等级制。[4]

　　人类学研究之所以能够颠覆既有的有关现代化乃人类必然发展趋势的制度史叙事，其原因可能正在于人类学不像史学那样微观史与宏观史泾渭分明。在人类学中，微观案例可以被作为"异常典型"（exceptional typical）去处理，既证实规律的存在，又能说明主导的上层建筑如何被推翻。[5] 没有人坚持认为这种微观案例研究的结论不重要，或不属于史学范畴，在本质上，这一研究恢复了社会底层的历史，而且是耐心梳理原始文献的结果。事实上，斯科特在他最近颇具勇气的宏观史著述中又正告学者，以国家和民族为单位的研究必须改变，要缩小到以家庭为单位并追溯其在历时大框架下的互动过程，因为只有这样，史学家才有望在其中检索到重要的节点、转折点和日常生活的具体线索，如此达到以小见大的效果。当今的历史必须要再度关注整体大图景。

　　因此，我们希望复兴的长时段历史还将继续微观史的传统，以动摇历史
121 中的现代化叙事、辉格史传统及其他各种形式的目的论思想。但微观史若

不与更大的历史叙事相联系,不明确交代自身的研究想要推翻什么、坚持什么,那就很容易被人称为好古癖。我们希望复兴的是这样一种历史,它既要延续微观史的档案研究优势,又须将自身嵌入到更大的宏观叙事,后者要采信多种文献数据。这样,历史上实实在在的个体生命所经历的事件依旧会为我们提供令人震撼的、丰富的历史信息,依旧值得史学家去反思、回味、分析和评述,但此时的历史背景却被大大拓宽了。当然,我们也不必把长时段历史叙事中的每一个链条都联系到微观史的细节;只需把历史事件排成一个序列,有重要的细节做支撑,然后放到一个大的框架中,这样,既能凸显历史的连续性,又不忘具体历史事件的细节。[6]

　　长时段的导论要能涵盖多个学科的研究成果并同时清楚交代作者的写作意图,因为这样才能更好地彰显短时段档案研究的旨趣。但若缺少长时段的大框架,微观史研究就有可能迷失方向。微观史档案研究与宏观史框架的完美结合将为历史研究展现了一种新的境界,研究者可以从中砥砺自己把握历史流转和制度变迁的能力,可以习得跨越世纪、放眼全球的视野。保罗·卡特(Paul Carter)认为,长时段的历史叙事通过对大量信息的提纯精炼,结果使大量的历史事实变得更为凝练紧凑、更易于传输共享,"就像一块可以随身携带的汤料"。[7]政治变故之际,历史的综合能够帮助人们找回失去的共识;而当公众再度需要长时段叙事之时,这种分析模式则有助史学家讲好故事、数据分析师设计出更好的工具、大学为未来的学者和公民提供更具历史深意的专业培训。

　　当然,并非所有的学科都面临同样的凝练学术成果以便利公众消费的问题。比如,经济学就特别擅长用简明易懂的表格和图示传播自身的成功,这种技术是20世纪30年代芝加哥大学的左翼经济学家雷克斯·图格威尔(Rex Tugwell)率先使用的,旨在为新的政府导向的基建和就业项目赢得公众的支持。这种图表和提纲挈领式的说明通过报纸、杂志和政策文件的一版再版广为传播,其优点是简明、易复制,远胜于类似史学的动辄几十页的

122

学术大作。当然,经济学家提出的政策多是为求得既得利益集团的欢心,发誓不会对现有体制带来多大冲击;而大多数人则被无极限的经济增长许诺所收买。[8]但环保主义者则不同,他们手里有大量的数据,却从不做任何许诺,也不说明下一步该怎样走。他们也从不肯将理论数据凝练成简明易懂、有助在学术圈之外广泛传播的图表。

在当今数字化统治大学校园的时代,各式各样的图示工具广为普及,可以轻松地将大量文字凝练简化成各类图表。值此,史学家当然要向经济学家学习,充分利用单屏的影像传播自己的成果和论证过程,哪怕有批评家指斥这种做法并称之为"令人震惊和恐怖的图示"战略。现在已有史学家在使用推特和博客传播自己的思想和成果,这种方式极有助于广泛传播,有强大的塑造流行话语的实力。可以想见,当初斯坦福大学率先以社交网络的形式推出"文人共和国图谱"(Mapping the Republic of Letters)第一期项目时,我们感到多么地震撼:暗黑底色的欧洲地图,橘黄色的字体,斯密、伏尔泰、富兰克林等文坛巨匠交通互动、共谋大业,在光照下熠熠生辉。但平心而论,这种图谱的真正意义在于史学家首次通过数字化、数据的形式将自己的研究成果推广到公众,如刊登在《纽约时报》上。[9]种种事实都鞭策学者,尤其是人文学者和史学家,在教学、出版和长时段模板展示方面锐意创新,他们可以使用的工具的确种类多样,计有 Word 字数批量统计器、量化软件、话题建模软件、历史年代表图示生成软件等。

为抗争所谓资本主义自然会减少贫富不平等现象这一命题,微观史学家可谓穷年皓首,费了不少心机。他们发掘了数世纪的文献资料,表明历史的证据与上述命题的指向正相反:资本主义不止没有带来平等,反而加剧了阶级、种族甚至性别的分化。他们撰写了大量著作,旨在说明资本主义加剧社会不平等这一现实,但遗憾的是,公众对此却很少予以关注。而与此同时,经济学家通过简明易懂的图示,广泛宣扬资本主义意味着减少失业、增进公平,所以在公众中颇有市场。在所有历史著作中,差不多唯一有能力挑

123

战这种庸俗偏见的是皮凯蒂的那本《21世纪资本论》，而这本书最突出的特点，如本书第三章所述，是使用轻松易懂的图示阐明大量的历史数据，并通过长时段累进的方式予以说明。

西方社会曾有一个悠久的传统，就是把历史看做引领公众畅想未来的向导。事实上，在西方，一度曾流行用电视或电脑重演"真实"历史的游戏，整个历史背景全部仿真，还采取历史序列的形式，说明历史至今对公众的想象还有一定的影响力。[10]除此以外，公众还有认清共通历史——包括最近的历史和深度史——的需求，所以才有最近30年经济学家和气候科学家仿效历史的叙事框架对经济繁荣、环境污染甚至人的本性做出说明的现象。无论专业史学家是否愿意加入这种公共话语的讨论，公共话语都不能缺失长时段的历史未来观。为鼓励学界加入这种讨论，澳大利亚、欧洲及英国的高等教育部门和学术研究委员会在对大学进行评估时，都制定有是否参与公众讨论、"影响因子"、"相关度"等衡量标准。[11]虽然有些学者对此感到恐惧，认为这是有意干涉学者选择自己的受众和学术选题，但也有不少学者将此视作服务公众的大好时机。

当今世界业已步入大数据时代。一方面，气候变化和跨国治理等多种问题使人类陷入史无前例的严重危机；而另一方面，有助于学者回顾历史以瞻望未来的工具软件也不断问世，所以为大学在当今时代行使对谬误、神话和各种鼓噪的仲裁的职责提供了重要契机。学者们若能将微观考据与宏观纵览有机地结合在一起，就掌握了一种非常有用的认知模式，而有了它，就可以理解多种变革的本质所在和对未来的蕴涵，小到过去十年成型的机构制度，大到数千年以来形成的气候变迁。正如公共政策史专家帕梅拉·考克斯（Pamela Cox）所指出的那样，史学家"要做好必要时超越自身擅长的'时段'的准备，要备好如椽巨笔去描绘宏大的历史图景、构建新的社会变革的'宏大叙事'，要摆脱那种粗糙的决定论，要具有批判性、叙事结构清晰合理并同时具备怀疑精神。"[12]

上文我们曾提出,历史学应当是一门富于批判性的抱持公共使命的人
124 文科学。历史学之所以独特,并不在于它能启蒙心智、有助改革,至少与其
他被笼统称作社会科学的多个学科相比是这样,比如社会学、人类学、政治
学;历史学之独特,正在于它能够与其他兄弟人文学科相结合,比如文献学、
音乐学等。美国国家社会科学研究委员会前主席、伦敦政治经济学院校长
克雷格·卡尔霍恩(Craig Calhoun)曾指出,"公共参与是社会科学从诞生之
日起便已具备的强项",只不过伴随社会科学的专业化进程和学术的日趋学
院化,社会科学与公众之间的相关度下降了。卡尔霍恩对社会科学的诊断
与我们的观察颇为相近,只不过他没有提到作为人文科学之一的历史学。
在我们看来,20世纪末以至21世纪初的人文科学呈现出如下一些共性:缺
少公众诉求;看不到大的图景;学术产量猛增(通常是来自外部的评估压力
和追求所谓"影响力"所致);历史叙事呈多元化而不限于一枝独秀;追求新
奇、新发现而不注重综合和理论。其实所有这一切早已为人所熟知。[13]历
史学确实已成功地步入专业化,故此也同样面临上述的诸多问题。所以当
今历史学的挑战是既保持专业化带来的明显优势,又不忘恢复其原有的公
共使命,要富于批判性,而不总是对既成的结论点头称是。

回望历史,是为了塑造未来,这是对历史学家、历史社会学家、历史地理
学家,尤其是信息科学家发出的共同召唤。这一观念同时为前瞻未来机构
的改革提供了路标,例凡政府、金融业、保险业、非正式组织、自发群众组织、
公民科学团体等等都莫不如是,这一观念将指引我们踏上通向更美好未来
的道路。寻求这条道路的人们尽可以传统为参照,所有传统也都有自身的
历史轨迹可循。我们坚信,历史和传统是未来行为最精准的指示器。"历史
研究当然不能只在四壁围墙的花园书斋里就完成,"费尔南·布罗代尔曾有
如此感言,"如果真是那样的话,历史岂不荒废了自己的现世使命,从此再无
力回应现实中的苦痛、再无法与人文科学保持关联,后者虽还年轻却已显现
出一股咄咄逼人的锐气。如若缺少雄心勃勃的历史叙事,如若历史不能自

觉到自身的职守和强大的力量,那么当今时代能否容得下人文主义的存在呢……"[14]虽然布罗代尔说此话是在 1946 年,但时至今日,他的话语却依然还是那样的及时和紧迫。

史学的大众前景依然把握在史学家的手中,但前提是"我们须有眺望 　125 窗外的欲望,须认识到史学绝不只是少数几位专家独享的财产,而理应成为千百万人能够合法继承的财富"[15]。这是美国史学家富兰克林·詹姆森(J. Franklin Jameson)在 1912 年 12 月发出的感悟,但如同布罗代尔的话语一样,至今听起来还是那样紧迫、与时代相关。在过去一个世纪的时间里,史学专业经历了前文曾剖析过的多种转向,如社会转向、文化转向、性别转向、帝国转向、后殖民转向、全球转向、跨国转向等不一而足。而今,史学又具备了富于批判性的超越民族国家、甚至超越时间的宏大视野,所以史学家理当成为避免全社会陷入狭隘偏激和地区短期主义的忠实护卫。可一旦受邀为政治发展、土地改革、福利国家建设及后冲突解决方案献计献策之时,史学家,连同其他众多人文学者,便马上将这块公共领地——有时是国内的,有时是全球的——拱手交与了经济学家,有时候还有律师和政治学家。(试想一下:上一次置身学界的史学家步入唐宁街或白宫参与决策是什么时候? 更不要提为世界银行做顾问或为联合国秘书长提供咨询了。)因此,也难怪当今世界面临全球治理危机了。当下,我们饱受管理不善的金融市场之苦,必须承受由人类活动引发的气候变化的恶果,后者危及政治稳定甚至整个人类的生存。统而观之,要认清这些挑战的本质,要克服当今时代的短期主义,我们亟须拓宽视野、拥抱长时段,而这些只有史学家能够提供。

全世界历史学家,联合起来! 你们会赢得一个世界,现在还为时不晚。

【注释】

［1］Sanford M.Jacoby，'History and the Business School'，*Labour History* 98(2010)，212.

［2］Peter Suber，*Open Access*(Cambridge，MA，2012)；Martin Paul Eve，*Open Access and the Humanities：Contexts，Controversies and the Future*(Cambridge，2014).

［3］Lynn Hunt，*Writing History in the Global Era*(New York，2014)，120.

［4］James C.Scott，*The Art of Not Being Governed：An Anarchist History of Upland Southeast Asia*(New Haven，2009).

［5］Matti Peltonen，'Clues，Margins，and Monads：The Micro—Macro Link in Historical Research'，*History and Theory* 40(2001)，347—359；Marshall Sahlins，'Structural Work：How Microhistories Become Macrohistories and Vice Versa'，*Anthropological Theory* 5 (2005)，5—30.

［6］有关这一方法的应用事例(应用者往往要对布罗代尔和长时段范式表示敬意)，可参阅 which pays homage to Braudel and the longue durée，see Saliha Belmessous，*Assimilation and Empire：Uniformity in French and British Colonies，1541—1954*(Oxford，2013)；有关长时段思想史框架下与此并列的"系列背景"(serial contextualism)概念，可参阅 David Armitage，'What's the Big Idea? Intellectual History and the Longue Durée'，*History of European Ideas* 38(2012)，493—507。

［7］Paul Carter，*The Road to Botany Bay：An Essay in Spatial History*(London，1987)，xxiii. Carter takes the image from James Boswell's *Journal*.

［8］John Markoff and Verónica Montecinos，'The Ubiquitous Rise of Economists'，*Journal of Public Policy* 13(1993)，37—68.

［9］http：//republicofletters. stanford. edu/；Patricia Cohen，'Humanities Scholars Embrace Digital Technology'，*New York Times*(16 November 2010)：www. nytimes. com/2010/11/17/arts/17digital. html；Cohen，'Digitally Mapping the Republic of Letters'，*New York Times Artsbeat Blog*(16 November 2010)：http：//artsbeat. blogs. nytimes. com/2010/11/16/digitally-mapping-the-republic-of-letters.

［10］Jerome de Groot，'Empathy and Enfranchisement：Popular Histories'，*Rethinking History* 10(2006)，391—413.

［11］Andrew Davies and Julie-Marie Strange，'Where Angels Fear to Tread：Academics，Public Engagement and Popular History'，*Journal of Victorian Culture* 15(2010)，268—279.

［12］Pamela Cox，'The Future Uses of History'，*History Workshop Journal* 75(2013)，17—18.

［13］Craig Calhoun，'Social Science for Public Knowledge'，in Sven Eliaeson and Ragnvald Kalleberg(eds.)，*Academics as Public Intellectuals*(Newcastle upon Tyne，2008)，299—318.

［14］Fernand Braudel，'Préface'(1946)，in *La Méditerranée et le Monde méditerranéen à l'époque de Philippe II*(Paris，1949)，xiv.

［15］J. Franklin Jameson，'The Future Uses of History'，*American Historical Review* 65 (1959)，70，转引自 Cox，'The Future Uses of History'，18.

索 引[*]

---

[*] 索引中的页码均为原书页码,即本书边码。

译后记

　　我从小就不爱学历史,因为记忆中的启蒙就是背,背下一系列的人名、事件、地点和给定的"历史意义",然后考试就能得高分,虽然根本不懂书中说的是什么。这算哪门子学问? 却不想自己到了四十岁,竟开始了严肃的历史研究!

　　其实这一点儿都不滑稽。坦率地说:人活到了一定年岁,便踏上了寻找意义的心灵之旅,这是再自然不过的事情了。不然无知而生、懵懂而活、一生浑浑噩噩,从尘土到尘土走一遭又有何意义呢?! 况我无才,从小到大一直都缺少"与天斗、与地斗、与人斗"的智慧和才能,所以最喜做的事儿就是找个角落在那里萌萌地思、静静地想,哪里有什么真正的"乐趣"可言。所以也只能在那里静静地读书思考,揽古今千变如烟、披世间万象愀然。

　　当年研究欧洲近代早期的猎巫,都言不过猎奇而无用,孰知笔者心中难以割舍的仍是生存的意义和人间的秩序:人世间有"恶巫"不除,将如何捍卫人间正道?! 虽然宗教取代巫术而后又被科学所扬弃不过人类学家编织的一部"神话",且确有女巫蒙受不白之冤,但《女巫之锤》却未必是世间"最害人的一本书",其作者也未必是病态人格、虐待成性、老迈疯狂、淫荡好色之徒,所以文末笔者反思的依然是"爱、律法与秩序",与初始的论题两相比较

170

颇显不大协调。由此亦依稀可见人生宇宙间,历史是伴随人类对世界和自身的认知、人与人之间如何协调爱、社会如何遵循自身发现的普遍规律并以礼制加以贯彻以实现有序的世界伴有序的人生展开的,笔者将其概括为"知天、爱人、循律、履序"八个字,作为自己对长时段"大历史"的理解和简要表述。

诚然,《历史学宣言》一书所要传达的信息并不复杂,即:长时段"大历史"又该登场了,当然前提是人类想要实现"知天、爱人、循律、履序"的可持续人生,或想要摆脱不断膨胀的私欲、愈发扩大的两极分化和莫须有的"修昔底德陷阱"、建设休戚与共的"人类命运共同体"。笔者本来想请该书的作者为其中文版撰写一个短序,但作者说该书自问世以来便争议不断,为此不得不时常打断自己的工作节奏,回应来自各方的批评〔而不是批判(denunci-ation)〕,所以还是留给中国读者更多的空间,任其自然吧!

也好。但笔者还是注意到国内学者也已早早地对该书做出了回应,尤其是清华大学特聘教授、中国科学院自然科学史研究所前所长刘钝先生(见刘钝:《大问题、大滴定、大历史》,《科学文化评论》2015年第12卷第5期,第5—20页)。因笔者对科学史家素有崇高敬意,且融合自然史与人类史必然要不分彼此、倾心交流,遂生登门拜访之心。令笔者颇为欣喜的是,刘钝先生欣然应允,遂有书序,在此表示真诚感激。

还望更多读者在阅读本书之时有所收获和感悟。阅读之余,对该书提出的显而易见的长时段"大历史"的呼声有所回应,为建设一个持久和谐的"人类命运共同体"有所建言,也是译者和编辑张苗凤女士字斟句酌之感念所在。

孙　岳

2016 年 6 月 17 日于北京

上海市版权局著作权合同登记号:图字 09-2015-678

《希腊人:历史、文化和社会(第二版)》

[美]伊恩·莫里斯　巴里·鲍威尔/著　陈恒　屈伯文　苗倩　贾斐/译

《罗马》

[美]M.罗斯托夫采夫/著　邹芝/译

《西方世界:碰撞与转型》

[美]布赖恩·莱瓦克　爱德华·缪尔　迈克尔·马斯　梅雷迪斯·威尔德曼/著　陈恒　等/译

《全球文明史——人类自古至今的历程》

[美]坎迪斯·古切尔　琳达·沃尔顿/著　陈恒　等/译

《世界妇女史》(上卷)

[美]凯瑟琳·克莱　钱德里卡·保罗　克里斯蒂娜·塞内卡尔/著　裔昭印　张凯/译

《世界妇女史》(下卷)

[美]帕梅拉·麦克维/著　洪庆明　康凯/译

《中世纪文明(400—1500年)》

[法]雅克·勒高夫/著　徐家玲/译

《三种文化:21世纪的自然科学、社会科学和人文学科》

[美]杰罗姆·凯根/著　王加丰　宋严萍/译

《希腊共和国:公元前5世纪雅典的政治和经济》

[英]阿尔弗雷德·E.齐默恩/著　龚萍　傅洁莹　阚怀未/译